Préparer le bac L :

Hernani

de Victor Hugo

par Jérémy Lasseaux,

professeur de lettres en lycée

La numérotation des vers adoptée est reprise de l'édition Garnier Flammarion.

Les candidats doivent répondre, de façon organisée, à deux questions :

• la première porte sur un aspect de l'oeuvre (une scène, un personnage, un thème).

Exemple : Le comportement de Don Carlos vous semble-t-il cohérent dans l'ensemble de la pièce ?

• La seconde porte sur l'ensemble de l'oeuvre en relation avec le domaine d'étude retenu. Il y a deux domaines d'études : « Littérature et langage de l'image » et « Lire, écrire, publier ».

Exemple : Les personnages de la pièce incarnent-ils les valeurs romantiques ?

Remarques :

- Cette année, « Littérature et langage de l'image » porte sur *La princesse de Montpensier*. Il faut parler de la nouvelle de Madame de Lafayette et du film de Bertrand Tavernier. Mais ce serait une erreur d'adopter le plan suivant : I. Dans la nouvelle II. Dans le film ; il faut parler des deux dans chaque partie du développement !

- Cette année, « Lire, écrire et publier » porte sur *Hernani* de Victor Hugo. Il faut s'intéresser aux préfaces de l'auteur où il explique sa vision de l'écriture, aux modifications apportées sur les divers manuscrits. Il faut aussi s'intéresser à la réception de la pièce avec la fameuse « bataille d'Hernani ». Je recommande fortement de regarder le téléfilm intitulé « La bataille d'Hernani » facilement trouvable sur Youtube.

Astuce 1 : la première question n'est que sur 8 points, la seconde est sur 12. Il faut en tenir compte dans le temps que l'on consacre à chaque question.

Question	Temps conseillé	Nombre de pages conseillé
1	45 mn	2 à 3
2	1h15 mn	3 à 4

Astuce 2 : rien n'oblige à commencer par la première question, du moment qu'elles sont bien numérotées dans la copie. Il est préférable de commencer par la question 2 qui rapporte plus de points, car l'épreuve est courte (deux heures) et souvent les candidats ont le sentiment de ne pas avoir assez de temps pour finir.

L'épreuve permet de montrer si le candidat :

• connaît les oeuvres (on n'attend pas un simple résumé, il faut savoir rentrer dans le détail, citer certains passages du livre, utiliser ses connaissances sur les préfaces d'Hugo)

• sait prendre en compte une problématique (au lieu de réciter un cours en fonction d'un mot clé)

• s'exprime de façon cohérente et organisée (pour chaque question, rédiger une introduction, un développement et une conclusion, écrire en paragraphes)

• détient une certaine culture littéraire (savoir citer d'autres oeuvres du même auteur, du même siècle, le courant littéraire de l'auteur, des éléments de sa biographie..)

Exemple : Victor Hugo montre qu'il tient à la liberté d'écriture dès la préface de son recueil de poèmes *Les Orientales*.

Concrètement, au moment de l'épreuve, comment procéder ?

1) Lire et relire la question, en analyser les termes.

Exemple : Les personnages de la pièce incarnent-ils les valeurs des romantiques qui ont animé la bataille d'*Hernani* ?

=> Le sujet invite à parler de l'oeuvre («Les personnages») mais aussi de la « bataille » qui s'est déroulée dans le public.

=> Le mot clé est « valeurs ». Il suppose une connaissance du romantisme : on pourra parler de son goût pour la marginalité, pour la Nature ou encore de sa valorisation de la jeunesse.

2) Ecrire ses idées au brouillon

=> Tout ce qui nous passe par la tête et qui a un rapport avec le sujet : par exemple, sur l'intérêt pour la Nature, on peut penser au passage où Hernani tente de dissuader Doña Sol de le suivre car il mène une vie dure à la montagne (vers 130 à 144) ainsi qu'à la scène 3 de l'acte V où Doña Sol dit qu'elle aimerait regarder les étoiles et entendre des rossignols.

3) Regrouper les idées liées de façon à obtenir un plan. Il n'est pas obligatoire que toutes les parties comportent le même nombre de paragraphes. C'est la cohérence qui est valorisée.

=> Pour ce sujet, il ne faudrait pas adopter un plan en : I. la bataille II. Les personnages ; il ne faut pas séparer ces deux éléments puisque le sujet consiste justement à les rapprocher. Il faudrait consacrer chaque partie à une valeur romantique (avec un paragraphe consacré à la bataille et un aux personnages qui l'incarnent). Cela pourrait donner, au brouillon :

I.   Valorisation de la jeunesse

1)   Jeunesse du public : Gautier, etc. Opposition entre romantiques chevelus et néoclassiques chauves. Explication du « mal du siècle ».

2)   Les personnages : Opposition entre le vieillard DRG et les autres personnages, jeunes.

II.   Marginalité

1)   Gilet rouge de Théophile Gautier. Refus de la traditionnelle claque, appel aux amis.

2)   Hernani : noble devenu bandit. « proscrit », « banni ». Il n'y a que dans le dernier acte qu'il ne se dissimule pas.

III. Intérêt pour la Nature et amour passionnel

1)   La Nature chez les romantiques : mélancolique chez Vigny («Le cor»), chez Lamartine («Le lac») ; occasion d'évoquer ses sentiments : miroir de l'âme.

2)   Dans la pièce : rudesse de la Nature (montagnes du bandit)

amène Hernani à renoncer à ce que Doña Sol le suive ; beauté de la Nature la nuit des noces (stéréotype de la lune).

4) Rédiger en veillant à parler :

•   du fond (des idées)

•   de la forme (plusieurs figures de style reviennent très souvent chez Hugo, notamment l'antithèse et le chiasme).

Ne pas hésiter à parler d'éléments du contexte historique (ex : le « mal du siècle » des romantiques) et d'éléments paratextuels (comme les préfaces de Victor Hugo). Citer les oeuvres autant que possible (en plaçant les passages cités entre guillemets), de façon précise.

Exemple d'une partie portant sur la jeunesse comme valeur romantique :

Les romantiques qui ont animé la bataille d'*Hernani* étaient majoritairement jeunes. Victor Hugo et Alexandre Dumas n'avaient alors que vingt-huit ans et leurs amis du Cénacle, dont Hugo était le chef de file (succédant à Nodier et sa bibliothèque de l'Arsenal) n'étaient guère plus âgés. Ainsi, Berlioz n'avait que vingt-sept ans, Nerval vingt-deux ans, Théophile Gautier dix-neuf, et ils étaient pris entre leur « mal du siècle » (la déception d'un monde qui trahissait leurs espoirs) et leur soif de renouveau face aux vieux auteurs néoclassiques de l'époque. Les journaux mirent en scène cette opposition entre l'énergie de la jeunesse et la sclérose de la vieillesse : les romantiques étaient dits « barbus » et « chevelus » et les néoclassiques « chauves » ou « perruqués ».

Les protagonistes du drame incarnent cette valeur romantique : Doña Sol est une jeune fille, Don Carlos n'a que dix-neuf ans et nous apprenons par Don Ricardo, à la scène 1 de l'acte IV, qu'Hernani a vingt ans. Ils s'opposent tous à un moment ou à un autre au vieillard Don Ruy Gomez qui a, pour sa part, soixante ans. Hernani insiste sur cette différence d'âge en usant de métaphores dès l'acte I, scène 2 :

« Ô l'insensé vieillard qui, la tête inclinée,

Pour achever sa route et finir sa journée,

A besoin d'une femme et va, spectre glacé,

Prendre une jeune fille, ! Ô vieillard insensé ! »

Don Ruy Gomez a quant à lui des paroles où il dénigre la jeunesse de façon hyperbolique (aux vers 253-4) :

« Enfants, l'ennui vous gagne ! À tout prix, au hasard,

Il vous faut un hochet ! Vous prenez un vieillard ! »

Il fait de même à l'acte III, scène 1 : « Qu'une fille aime et croit un de ces jouvenceaux,

Elle en meurt, il en rit. »

Néanmoins, l'énergie qu'on associe traditionnellement à la jeunesse et que l'on retrouve effectivement ici (« Je suis une force qui va », affirme Hernani) n'est pas absente chez le vieillard qui, plusieurs fois, est prêt à se battre pour Doña Sol.

Astuce 1 : ne pas passer trop de temps sur l'introduction et la conclusion, c'est le développement qui fait l'essentiel de la note.

Astuce 2 : pour chaque question, il faut une introduction. Mais il ne faut pas reprendre, à la seconde question, la même introduction que pour la première question ! Il faut adapter l'introduction au sujet. Elle se compose de trois étapes :

- on amène le sujet. C'est l'étape la plus délicate. Sans répondre déjà à la problématique, on doit s'approcher du sujet.

- on pose la problématique.

- on annonce sommairement le plan.

Astuce 3 : pour chaque question, il faut une conclusion. Elle comporte deux étapes : répondre brièvement à la problématique en résumant ce que l'on a vu dans le développement, puis trouver une ouverture. La meilleure ouverture consiste à citer une autre oeuvre littéraire qui présente un lien avec le sujet. Mais attention ! Pour que cela soit valorisé, il faut justifier la référence ! Ne pas se contenter de « balancer » un titre et un auteur, il faut expliquer en quoi il est lié au sujet.

Exemple d'ouverture dans un sujet portant sur le thème de la Nature dans la pièce :

Le romantisme français étant l'héritier, entre autres, du romantisme allemand, il n'est pas étonnant d'y retrouver une Nature telle qu'on la voyait déjà dans le célèbre tableau de Caspard David Friedrich intitulé « Le voyageur au-dessus de la mer de nuages » : une Nature qui, à la fois, suscite l'admiration par sa beauté et incite l'homme à l'humilité par sa grandeur.

Remarque sur le vocabulaire utilisé :

Vous avez pu noter qu'on utilise le terme « néoclassiques » pour désigner les adversaires des romantiques. Au XIXème siècle, on les appelait pourtant des « classiques ». Pourquoi donc ce choix ? C'est parce qu'aujourd'hui, on appelle « classiques » les grands auteurs du XVIIème siècle comme Molière ou Racine (ils appartiennent au mouvement littéraire nommé « classicisme »). Or, Victor Hugo admirait les classiques : dans sa préface de *Cromwell*, il dit le plus grand bien de Molière et de Corneille et se réclame même de l'autorité de Boileau parce que ce dernier affirmait que le projet de l'écrivain compte davantage que le respect de règles établies. A l'inverse, Hugo méprisait les écrivains de son propre siècle qui continuaient à appliquer les règles fixées au XVIIème siècle ainsi que les acteurs de leurs pièces qui disaient les vers de façon ampoulée. Le public donnait raison à Hugo puisqu'il n'allait plus voir ces tragédies.

On dira donc qu'Hugo admirait les classiques mais s'opposait aux néoclassiques.

Certains vers de la pièce permettent de répondre à de nombreux sujets, il est utile de les mémoriser. La liste ci-dessous n'est pas exhaustive, apprenez autant de passages que possible !

« Je vous suivrai. »

=> C'est Doña Sol qui prononce ces paroles au vers 125, qu'elle répète au vers 147. Cela montre l'amour passionnel qu'elle éprouve pour Hernani. En effet, ce dernier a beau être un bandit et n'avoir qu'une vie inconfortable et dangereuse à lui proposer, elle est prête à abandonner pour lui la vie luxueuse que lui offre son oncle (voir le coffret nuptial rempli de bijoux). Ce vers fut parodié.

« Oui, de ta suite, ô roi ! de ta suite ! - j'en suis. »

=> Le jeu de mots du vers 381 a fait rire le public et a fait le bonheur des parodistes. Hugo en a tenu compte puisqu'il l'a par la suite modifié (en « Oui, de ta suite, ô roi. Tu l'as dit, oui ! j'en suis. »). Retenir ce vers peut être utile pour parler des réactions du public lors de la bataille d'*Hernani* mais aussi pour montrer que l'oeuvre a subi des modifications (voir le cours qui y est consacré avec, notamment, un autre vers célèbre : « Vous êtes mon lion, superbe et généreux. »).

« Si le coeur seul faisait le brigand et le roi -

À lui serait le sceptre et le poignard à toi. » (vers 495-6)

=> Ce passage permet aussi de parler des modifications apportées à la pièce (cette fois, avant les répétitions) ; Hugo avait d'abord écrit deux vers qui attaquaient plus directement le roi : « Si Dieu faisait le rang à la hauteur du coeur, / Certe, il serait le roi, prince, et vous le voleur ! » Ce passage est très important car il montre que, pour Doña Sol, la véritable noblesse n'est pas affaire de naissance mais de coeur. Il est aussi une preuve de son amour pour Hernani car elle refuse ainsi le royaume que lui propose Don Carlos en échange de ses faveurs. Et enfin, il y est fait mention du poignard, accessoire très important dans la pièce (voir le sujet de type bac qui y est consacré).

« Je suis banni, je suis proscrit, je suis funeste ! » (v. 677)

=> Hernani, dans une anaphore de « je », insiste d'abord sur sa marginalité (c'est une des valeurs fondamentales du romantisme) mais aussi sur la fatalité qui pèse sur lui. En effet, « funeste » signifie qu'il apporte la mort avec lui. On retrouvera la même idée idée au vers 970 : « Oh ! Je porte malheur à tout ce qui m'entoure. » Hernani est lucide puisqu'effectivement, au dernier acte, on assistera non seulement à sa mort mais aussi à celle de Doña Sol et de Don Ruy Gomez.

« Je suis une force qui va !

Agent aveugle et sourd de mystères funèbres ! » (v. 488-9)

=> Ces vers très célèbres reprennent l'idée de mort et de fatalité. Les exclamatives ajoutent au tragique un registre lyrique. Hernani dit qu'il « va » mais ne dit pas où. Ses deux objectifs sont de venger son père et d'épouser Doña Sol, mais il lui faudra choisir. A l'acte IV, il renonce à la vengeance pour épouser celle qu'il aime. Cependant, à l'acte V, confronté à un nouveau choix (respecter son serment envers Don Ruy Gomez ou respecter le serment du mariage), il hésite. C'est cette incertitude du héros qui poussera Doña Sol à prendre le poison, rendant ainsi prémonitoires ces deux vers.

« Je t'appartiens. Tu peux me tuer. Mais veux-tu

M'employer à venger ta nièce et sa vertu ? » (v. 1279-80)

=> Alors que Don Ruy Gomez vient de proposer courageusement un duel à Hernani, ce dernier refuse. Sa réponse correspond à la fois au sens de l'honneur (« Je t'appartiens ») et au désir de mort (« Tu peux me tuer ») traditionnels chez les romantiques. Mais il est aussi l'occasion d'un retournement de situation puisque les deux rivaux vont devenir alliés. Le mot « vertu » rappelle la pureté de Doña Sol. Pour ce qui est de la forme, notez le contre rejet de « Mais veux-tu ». Mémoriser ce passage peut donc s'avérer utile pour des sujets variés.

« - Ah ! le peuple ! - océan ! - onde sans cesse émue !

Où l'on ne jette rien sans que rien ne remue !

Vague qui broie un trône et qui berce un tombeau ! » (v.1533-4)

=> L'acte IV montre la métamorphose de Don Carlos : roi indigne dans les précédents actes, il va devenir un empereur à la hauteur de son rang. Cela est rendu possible par une prise de conscience dans le tombeau de Charlemagne. Ces vers de Don Carlos insistent sur la puissance du peuple à travers la métaphore filée de l'élément marin : le peuple est capable de renverser les souverains qui l'oppressent (« broie un trône »), mais aussi d'honorer ceux qu'il trouve dignes (« berce un tombeau »).

« Verse-moi dans le coeur, du fond de ce tombeau,

Quelque chose de grand, de sublime et de beau ! » (v. 1559-60)

=> Ces vers font partie du même long monologue que les précédents. Don Carlos s'adresse au défunt Charlemagne pour prendre exemple sur lui (l'impératif exprime ici une demande). Le « tombeau » est un lieu crucial. En effet, il n'y aura certes aucune mort réelle dans l'acte IV, mais on assiste à deux morts symboliques : à celle du roi Don Carlos (qui devient l'empereur Charles Quint) et à celle du bandit Hernani (qui devient le chevalier Jean d'Aragon).

« Je suis Jean d'Aragon, roi, bourreaux et valets !

Et si vos échafauds sont petits, changez-les ! » (v. 1735-6)

=> Certes, Hernani est venu à Aix-la-Chapelle pour sauver Doña Sol, mais dans ce passage, ce n'est pas ce qui est souligné. Rappelons que le père du héros est mort sur l'échafaud. Le fils, en révélant sa véritable identité et en utilisant le mot « échafaud » (terme très présent dans la pièce, dès l'acte I), montre la fierté qui est liée à son rang. S'il montre qu'il n'a pas peur de mourir, il ne le fait pas au nom du peuple (les montagnards) mais au nom de la noblesse.

« Quand tu voudras, vieillard, quel que soit le lieu, l'heure,

S'il te passe à l'esprit qu'il est temps que je meure,

Viens, sonne de ce cor » (v. 2007-9)

=> L'acte V relève de la tragédie. Non seulement trois protagonistes vont mourir, mais le spectateur a le sentiment que le Destin s'acharne sur le héros. En effet, ces vers prononcés par Don Ruy Gomez à l'acte V sont ceux qu'Hernani avait prononcés à l'acte III. Le vieillard vient rappeler à Hernani le pacte qu'ils ont conclu.

Essayez de répondre aux questions suivantes pour vous assurer que vous connaissez bien la pièce :

1/ Quel personnage ne prononce aucun monologue ?

a) Hernani b) Doña Sol   c) Don Carlos

2/ Dans l'acte III, scène 6, par quel tableau Don Ruy Gomez termine-t-il la présentation de sa galerie de portraits ?

3/ A l'acte II, scène 4, Hernani dit à Doña Sol : « Mais t'offrir la moitié de l'échafaud, pardonne / Doña Sol, l'échafaud, c'est à moi seul ». A quel accessoire de l'acte V cela fait-il penser ?

4/ A qui s'adressent ces paroles : « J'ai laissé tomber ce titre. Ramassez. » ?

5/ En raison de quelle règle Don Ruy Gomez protège-t-il Hernani du roi ?

6/ A qui s'adressent ces paroles : « Montre-moi que le monde est petit » ?

7/ Que signifient ce vers de Doña Sol adressé à Don Ruy Gomez : « Loin de me précéder, vous pourriez bien me suivre » ?

8/ Associez la didascalie au personnage qui lui convient :

« s'inclinant profondément » / « se jetant à son cou » / « montrant la ca-

chette encore ouverte » / *« ouvrant avec fracas la porte de l'armoire »* / *« Il s'assied sur un banc de pierre »*

Hernani, Doña Sol, Don Carlos, Don Ruy Gomez, Don Ricardo

9/ Avant qu'elle n'épouse Jean d'Aragon, quel est le nom de Doña Sol ?

10/ Comment Don Ruy Gomez tente-t-il de pousser Hernani à respecter son serment fatal lorsque ce dernier hésite ?

Réponses :

1) Doña Sol ne prononce aucun monologue. Dans l'acte I, scène 2, elle n'a que des répliques courtes tandis qu'Hernani parle par tirades. Dans l'acte II, scène 2, ses réparties s'étoffent un peu pour s'opposer à Don Carlos. Mais c'est surtout à l'acte V que Victor Hugo lui donne davantage la parole.

2) Le vieillard termine sa présentation des portraits par le sien, c'est à dire celui qui sert de cachette à Hernani.

3) Cela fait penser à la fiole de poison. Dans ces vers, Hernani souhaite être le seul à mourir et ne pas entraîner sa bien aimée avec lui. Mais il se trompe et à l'acte V, elle mourra avec lui, prenant justement « la moitié », non de l'échafaud, mais du poison.

4) Ces paroles s'adressent à Don Ricardo qui fait tout pour monter en grade.

5) Le duc protège Hernani par respect pour la règle d'hospitalité.

6) Ces paroles du roi qui se prépare à devenir empereur s'adressent à Charlemagne.

7) Doña Sol a l'intention de se tuer (avec le poignard qu'elle cache

dans l'écrin nuptial) pour éviter le mariage avec son oncle. Elle le précèderait ainsi dans la mort.

8) « *s'inclinant profondément* » : Don Ricardo / « *se jetant à son cou* » : Doña Sol / « *montrant la cachette encore ouverte* » : Don Ruy Gomez / « *ouvrant avec fracas la porte de l'armoire* » : Don Carlos / « *Il s'assied sur un banc de pierre* » : Hernani

9)   C'est Da Silva, comme son oncle.

10) « Tu fais de beaux serments par le sang dont tu sors,

Et je vais à ton père en parler chez les morts ! » dit Don Ruy Gomez à Hernani. Il tente ainsi de lui faire honte, de réveiller son sens de l'honneur en l'accusant de parjure. On imagine combien Hernani doit se sentir coupable, lui qui a renoncé à venger son père à la fin de l'acte IV.

Remarque : l'oeuvre étudiée étant un drame romantique, cette biographie prend fin, non avec la mort de l'auteur, mais avec son dernier drame romantique.

1802 : naissance (évoquée dans un poème du recueil *Les feuilles d'automne* en 1831 : « Ce siècle avait deux ans »), père bonapartiste et mère royaliste.

1809 : son père qui deviendra général de Napoléon en 1809 entraîne toute la famille sur les routes de France et d'Europe.

1811 : Sophie Hugo passe par le village d'Ernani (dans les Pyrénées) où Hugo voit des partisans espagnols pendus le long de la route et vient rejoindre son mari à Madrid avec ses trois enfants. Elle y reste un an. Séjour traumatisant : maltraité par ses camarades espagnols au collège des nobles.

1812 : En mars 1812 ses parents se séparent et Sophie Hugo retourne vivre dans le quartier du Val de Grâce à Paris. De retour à Paris, Victor Hugo grandit auprès d'une mère tendre. Royaliste et libérale, elle lui fait lire les auteurs des lumières. Elle a pour amant le général La Horie, qui conspire contre Napoléon. Hugo écrit deux mélodrames.

1816 : il s'adonne aux lettres et dès 1816, alors qu'il n'a que quatorze ans, il note : « Je veux être Chateaubriand ou rien ». Il écrit une tragédie : *Irtamène*. Et un vaudeville : *A.Q.C.H.E.B*

1817 : l'Académie, à l'occasion d'un concours qu'elle organise, lui décerne une mention pour son poème *Trois lustres à peine*. (Sainte Beuve fait croire qu'il a failli remporter le prix mais ne l'a pas eu en raison de son âge).

1819 : Il remporte encore une mention et deux prix pour des poèmes. Il se fait aussi connaître du public par un poème ultra-royaliste : *le Télégraphe*.

À la fin de 1819, il fonde, avec ses deux frères, *Le Conservateur littéraire*, revue monarchiste, sorte de supplément littéraire au journal catholique et royaliste *Le Conservateur*, dirigé par Chateaubriand. Sous divers pseudonymes, il rédige presque tous les articles.

9 mars 1820 : Victor Hugo reçoit de l'argent du roi Louis XVIII pour son *Ode* sur la Mort du Duc de Berry.

1822 : *Odes et poésies diverses.* Elles plaisent au roi qui lui accorde une pension. Ce qui permettra à Hugo de sortir de sa précarité et de demander la main d'Adèle Foucher.

1823 : fonde, avec d'autres jeunes gens, le journal *La Muse française*, consacrée au romantisme (Vigny, Nodier)

1824 : en mars, Victor Hugo publie ses *Nouvelles odes*. Naissance de Léopoldine. Fin du journal *La muse française*.

1825 : Victor Hugo est fait chevalier de la Légion d'Honneur (Lamartine aussi) et assiste au sacre de Charles X auquel il consacre une ode. Il fréquente un groupe de jeunes écrivains dans le Cénacle de Charles Nodier (à la bibliothèque de l'Arsenal où Nodier était bibliothécaire, puis dans l'appartement de V. Hugo). Il se lie d'amitié avec Sainte Beuve qui lui consacre des articles dans son journal. (remarque : brouille avec Nodier en 1829 suite à son article critique sur *Le dernier jour d'un condamné*).

1826 : publication des *Odes et Ballades*.

1827 :   écrit une ode à Napoléon (parce qu'il a eu l'adhésion du peuple) : *ode à la colonne de la place Vendôme*. Publication de *Cromwell* en décembre. Dans la préface, qui est un véritable manifeste, il s'engage en faveur du romantisme contre le néoclassicisme. Mais la pièce ne peut pas être représentée.

1828 : fait jouer Amy Robsart, sous le couvert e son beau-frère, mais c'est un lourd échec. Courageusement, il déclare qu'il est l'auteur de la pièce.

1829 :   en janvier et février, publication des *Orientales* (avec certains alexandrins à coupe ternaire) et du *Dernier jour d'un condamné* (contre la peine de mort, en détournant le genre à la mode des Confessions de condamnés à mort recueillies par des journalistes). En août, sa pièce *Marion de Lorme* (qui parle aussi de la peine de mort, avec un Richelieu qui déclare : « Pas de grâce ») est censurée à cause du rôle dévalorisant que l'auteur y faisait jouer à Louis XIII. Charles X propose à Hugo une place au conseil d'état et une pension de quatre mille francs en dédommagement de son manque à gagner. Hugo, indigné, refuse cette somme considérable (« J'avais demandé que ma pièce fut jouée, je ne demande rien d'autre. »), ce qui fait aussitôt grand bruit dans les journaux, notamment grâce à Sainte-Beuve. Hugo devient libéral.

1830 : succès de la première représentation d' *Hernani*, le 25 février. Mais lors des représentations suivantes, lutte entre les néoclassiques (qui viennent rire et huer) et les jeunes « crinières » du romantisme (qui viennent applaudir). C'est la « bataille d'*Hernani* » qui dure jusqu'à la dernière représentation. Victor Hugo a refusé de faire appel à la claque (groupe de personnes payé pour applaudir), il ne compte que sur le soutien de ses amis. Ces derniers se répartissent dans la salle. Théophile Gautier, très actif, se distingue par un gilet rouge.

1831 : le 15 mars, publication de son premier roman historique, *Notre-Dame de Paris*. La Révolution de 1830 permet à sa pièce, *Marion de Lorme*, d'être jouée à la Porte Saint-Martin. Elle remporte un assez grand succès. Le 24 novembre, Victor Hugo publie les *Feuilles d'Automne*.

1832 : échec de la pièce *Le roi s'amuse*.

1833 : succès de *Lucrèce Borgia*, drame en prose. Les années suivantes, pièces avec peu de succès. Célébrité davantage due à son oeuvre poétique.

1838 : succès de *Ruy Blas*.

1841 : après plusieurs tentatives vaines, finit par devenir académicien.

1843 : dernier drame de Hugo : *Les Burgraves*. Puis mort de sa fille Léopoldine. Carrière politique liée à Louis Philippe.

Voici comment Victor Hugo évoque sa naissance dans *Feuilles d'automne* :

Ce siècle avait deux ans ! Rome remplaçait Sparte,
Déjà Napoléon perçait sous Bonaparte,
Et du premier consul, déjà, par maint endroit,
Le front de l'empereur brisait le masque étroit.
Alors dans Besançon, vieille ville espagnole,
Jeté comme la graine au gré de l'air qui vole,
Naquit d'un sang breton et lorrain à la fois
Un enfant sans couleur, sans regard et sans voix ;
Si débile qu'il fut, ainsi qu'une chimère,
Abandonné de tous, excepté de sa mère,
Et que son cou ployé comme un frêle roseau

Fit faire en même temps sa bière et son berceau.
Cet enfant que la vie effaçait de son livre,
Et qui n'avait pas même un lendemain à vivre,
C'est moi.

Le romantisme est un courant culturel qui s'épanouit en Angleterre (voir Lord Byron) et en Allemagne (voir Goethe) avant de se répandre en France.

En France, on peut parler de préromantisme à propos de Jean-Jacques Rousseau (*Julie ou la nouvelle Héloïse, Les rêveries du promeneur solitaire*).

Le premier grand romantique français, c'est René de Chateaubriand.

Hernani étant un drame romantique, il faut connaître les principaux traits de ce mouvement littéraire. Quelques valeurs centrales le caractérisent : la sensibilité de l'individu, le désir de liberté, le sens de l'honneur et le charisme. Y sont associés des thèmes récurrents : l'amour passionnel, la solitude, la marginalité, la Nature et le désir de mort (pour en finir avec les souffrances de la vie). On parle de « mal du siècle » pour désigner la mélancolie dont sont atteints les romantiques à cause d'une époque qui ne les satisfait pas : admiratifs des grands hommes historiques, les jeunes romantiques débordent d'énergie mais ils ont le sentiment que tout s'est joué avant eux (la révolution française pour les valeurs, les guerres napoléoniennes pour l'héroïsme guerrier).

Il est donc logique que le registre habituel des romantiques soit le lyrisme. Lorsqu'ils évoquent la Nature, ce peut être pour admirer sa beauté, pour souligner sa grandeur et sa dangerosité ainsi que son indifférence à l'homme. La Nature peut aussi être un miroir de l'âme. Ainsi, dans « Le lac », le poète tutoie le lac et sa manière de l'évoquer exprime son chagrin d'avoir perdu sa bien aimée.

Vous trouverez ci-dessous une liste d'auteurs romantiques importants avec quelques oeuvres qu'ils ont écrites avant 1830. Ainsi, vous pourrez constater quelles oeuvres Victor Hugo connaissait au moment où il écrivit *Hernani*.

François René de Chateaubriand (1768 - 1848) : *Atala, René, Les Natchez*

Alphonse de Lamartine (1790 - 1869) : *Méditations poétiques* (voir le poème « Le lac » en particulier)

Alfred de Vigny (1797 - 1863) : *Poèmes antiques et modernes* (voir le poème « Le cor » en particulier car V. Hugo y fait allusion au vers 1977 ; voir aussi « La neige », poème qui montre un Charlemagne clément : c'est peut-être de là qu'Hugo puise l'idée d'un Charlemagne qui pousse Charles Quint à grâcier Hernani).

Alexandre Dumas (1802 - 1870) : *Henri III et sa cour* (drame romantique qui n'a pas subi les mêmes attaques qu'Hernani car Dumas n'était pas le chef de file du Cénacle et ne faisait pas peur aux néoclassiques).

Prosper Mérimée (1803 - 1870) : *Mateo Falcone*

Gérard de Nerval (1808 - 1855) : *Napoléon et la France guerrière*

Théophile Gautier (1811 – 1872)

<u>La tragédie</u> : Hugo admire en particulier Pierre Corneille. Il reprend à la tragédie :

- sa structure en cinq actes

- l'emploi de l'alexandrin

- les tirades et monologues

- son sens du sublime, du grandiose, sa tonalité parfois épique

Hernani ressemble au Cid par sa jeunesse et son sens de l'honneur ; comme lui, il doit venger son père. Comme Auguste dans *Cinna*, Charles Quint se montre clément.

<u>La comédie</u> : Hugo admire en particulier Molière. Il reprend à la comédie :

- le stéréotype du barbon (vieillard amoureux)

- le comique de vaudeville (à l'acte I, l'amoureux caché dans une armoire)

- le pathétique mêlé au comique comme dans les grandes comédies de Molière : *Le misanthrope*, *L'école des femmes*

<u>Le drame bourgeois</u> : L'oeuvre emblématique est *Le fils naturel* par Diderot (1757). Hugo reprend à Diderot :

- la notion de quatrième mur (l'acteur doit jouer sans s'adresser au public)

22

- l'importance accordée aux décors et aux accessoires

- le développement des didascalies

<u>Le mélodrame</u> : par exemple, *Coelina ou l'enfant du mystère* de Pixérécourt (1800). Hugo reprend à ce genre populaire (qui s'adresse au peuple) :

- son goût pour les péripéties (déguisements, coups de théâtre)

- l'importance du décor (cachettes, mécanismes)

- les scènes nocturnes et la volonté de montrer des armes sur scènes (pistolets, poignards)

- l'utilisation de musique pour signaler l'arrivée d'un personnage (dans *Hernani*, voir les cloches : II,4, les trompettes : III,5, les fanfares : V, et bien sûr le cor : V,3)

<u>La féérie</u> : par exemple *L'enfant du malheur* de Cuvelier (1817). Hugo reprend à la féérie :

- la présence de pantomimes (passages où l'acteur agit sans parler).

- le non respect de la règle des trois unités (un seul lieu, une seule journée, une seule action/intrigue importante)

Remarque : Hugo s'inspire aussi de plusieurs auteurs étrangers.

- Shakespeare (souvent cité dans la préface de *Cromwell*), qui n'applique pas la règle des trois unités, ni la règle de bienséance, et qui mêle comique, tragique et pathétique. La fin rappelle *Romeo et*

Juliette.

- La comedia nueva espagnole (Lope de Vega, Juan Ruiz de Alarcón), tragi-comédie de cape et d'épée qui joue sur les quiproquos.

- Friedrich von Schiller, auteur de la pièce *Les bandits* (1782) dont le héros est un jeune homme qui devient bandit parce que rejeté par son père (à cause d'un complot ourdi par son frère jaloux).

I.   Le Contexte

L'alexandrin qui doit son nom à un poème médiéval, *Le Roman d'Alexandre*, ne commença réellement à se développer dans la poésie française qu'avec le mouvement de La Pléiade, au XVIème siècle. Et ce n'est qu'au XVIIème siècle qu'il est considéré comme le vers le plus noble.

En 1830, la mode est plutôt à la prose (voir *Racine et Shakespeare* de Stendhal). Les tragédies en vers au théâtre ont alors peu de succès. Les drames bourgeois et les mélodrames qui, eux, ont le vent en poupe, sont en prose. Mais Hugo tient au vers, comme le montre cet extrait de la préface de *Cromwell* :

« Le vers est la forme optique de la pensée. Voilà pourquoi il convient surtout à la perspective scénique. Fait d'une certaine façon, il communique son relief à des choses qui, sans lui, passeraient insignifiantes et vulgaires. Il rend plus solide et plus fin le tissu du style. C'est le noeud qui arrête le fil. C'est la ceinture qui soutient le vêtement et lui donne tous ses plis. Que pourraient donc perdre à entrer dans le vers la nature et le vrai ? Nous le demandons à nos prosaïstes eux-mêmes, que perdent-ils à la poésie de Molière ? Le vin, qu'on nous permette une trivialité de plus, cesse-t-il d'être du vin pour être en bouteille ? »

II. Ce qu'Hugo fait à l'alexandrin

1) Il brise la règle selon laquelle la césure coupe le vers en hémistiches et ne tombe ni sur un article ni sur un e muet en utilisant le vers brisé (le vers est réparti sur les répliques de plusieurs personnages).

Voir vers 18 par exemple.

Doña JOSEFA Oui.

DON CARLOS Cache-moi céans !

Doña JOSEFA Vous !

DON CARLOS Moi.

Doña JOSEFA Pourquoi ?

DON CARLOS Pour rien.

La coupe ne se fait pas toujours à l'hémistiche :

HERNANI Epouse le duc !

Doña SOL Donc + ce n'était pas assez ! (1011)

(voir aussi vers 42, 1620, 1702, 1869, 1882, 1895, 2149)

Il est même brisé par une pantomime au vers 1675 (voir les didas-calies).

2) Hugo utilise des rejets, des contre rejets et des enjambements.

Exemples de rejets :

« Serait-ce déjà lui ? C'est bien à l'escalier /

Dérobé. Vite, ouvrons. Bonjour, beau cavalier » (1-2).

« Qu'attendait ta maîtresse ? // Ô ciel ! j'entends le pas /

De Doña Sol. – Seigneur, fermez vite la porte. » (26-27)

« Sois le bienvenu ! – Reste, ami, ne te fais faute /

De rien. Quant à ton nom, tu te nommes mon hôte. » (849-850)

Exemples de contre rejets :

« Soixante dont un seul vous vaut tous quatre. Ainsi /

Vidons entre nous deux notre querelle ici. (555-556) »

« Vous serez satisfait. // Ah ! tu t'amendes ! – Va /

Chercher mon prisonnier. // Celui-ci, des Silva » (1131-1132)

Exemples d'enjambements :

« Suis-je chez Doña Sol ? fiancée au vieux duc /

De Pastrana, son oncle, un bon seigneur, caduc, » (5-6)

« Quand nous avions le Cid et Bernard, ces géants /

De l'Espagne et du monde allaient par les Castilles » (222-223)

« Un homme comme sont tous les autres, un être /

Intelligent, qui court droit au but qu'il rêva » (v.990-991)

Remarque 1 : Victor Hugo n'hésite pas à séparer par ces procédés un verbe de son complément. Comme ici :

« L'un est la vérité, l'autre est la force. Ils ont / Leur raison en eux-même, et sont parce qu'ils sont. » (1475-1476) Il sépare parfois le sujet de son verbe. Exemple : « Et de vous voir toujours. Quand le bruit de vos pas /

S'efface, alors je crois que mon coeur ne bat pas, » (157-158)

Remarque 2 : Hugo demande aux acteurs de ne pas marquer de pause à la fin des vers où sont présents ces trois procédés.

3) Hugo pratique la discordance entre la syntaxe et la césure, il enfreint donc la règle selon laquelle aucun syntagme fort ne doit chevaucher la césure. Quelques exemples variés :

Nom et adjectif : « Le collier est d'un beau + travail, le bracelet » (896)

« Ils nommeront François + Premier, ou leur Saxon, » (1351)

Nom et CDN : « Après tout, et la mort + d'un homme est chose grave. » (478)

« Quelque vengeance, soeur + du festin des Sept Têtes. » (1074)

Verbe et complément : « Je lui rends Naple. – Ayons + l'aigle, et puis nous verrons » (317)

« Et s'il faut embrasser + tes pieds, je les embrasse ! » (1286)

Préposition et complément : « Un édifice, avec + deux hommes au sommet. » (1443)

« Le plus sûr, c'est qu'avant + d'être auguste, il expire ! » (1617)

4) Victor Hugo utilise un rythme particulier pour certains alexandrins. Au lieu d'utiliser une structure qui coupe le vers à la césure (avec par exemple 6 syllabes puis de nouveau 6 syllabes), il utilise parfois le trimètre (4 syllabes/4 syllabes/4syllabes).

« Mais que veux-tu, ma pauvre enfant ! quand on est vieux ! » (720)

« Je suis banni ! je suis proscrit ! je suis funeste ! » (681)

« Il vous dira qu'il est proscrit, il vous dira » (1075)

« Ils nommeront François Premier, ou leur Saxon, » (1351)

« C'est l'Allemagne, c'est la Flandre, c'est l'Espagne. » (1769)

III. Réactions

Parfois ces procédés sont groupés, si bien que certains specta-teurs ont cru que le drame était écrit à moitié en vers et à moitié en prose. Certes, une partie du public et les auteurs de parodie se sont moqués du découpage des vers (voir cours sur la parodie), mais pour la plupart, les vers qui sont sifflés ne le sont pas en rai-son de leur rythme : ils le sont en raison de leur prosaïsme (« Fais sécher le manteau ») et de leurs métaphores audacieuses. Berlioz, dans sa correspondance, estime que la dislocation de l'alexandrin que pratique Hugo est « une innovation qui ne mène à rien ».

SUJET : POUR QUELLES RAISONS LES NÉOCLASSIQUES
SE SONT-ILS MOQUÉS D'HERNANI, DÉCLENCHANT AINSI
UNE « BATAILLE » AVEC LES ROMANTIQUES ?

Dans l'histoire de la littérature, il est peu de querelles littéraires qui soient restées célèbres. On se souvient bien sûr de la querelle des Anciens et des Modernes au XVIIème siècle, qui opposait ceux qui considéraient que l'Antiquité était un modèle insurpassable à ceux qui pensaient l'inverse. On garde en mémoire également la querelle du *Cid* : certains reprochaient à Corneille de ne pas respecter la règle des trois unités, d'écrire une tragédie qui n'en était pas totalement une, et enfin, alors que la France était en guerre avec l'Espagne, de situer son intrigue justement dans ce pays. Au XIXème siècle, la querelle la plus célèbre sera celle qui se livrera lors des quarante-cinq représentations chahutées d'*Hernani*, drame romantique de Victor Hugo. Mais pour quelles raisons les néoclassiques ont-ils tant ri et hué les vers de cette pièce ? Nous verrons d'abord qu'ils ont reproché au dramaturge de s'affranchir des règles classiques, puis qu'ils ont été choqués par son vocabulaire, et enfin qu'ils n'ont pas apprécié son mélange des genres.

Le XVIIème siècle avait rétabli la règle antique des trois unités (de lieu, de temps et d'action), Hugo s'en affranchit. Pour ce qui est du lieu, on constate en effet que si le premier acte se déroule dans la chambre de Doña Sol à Saragosse, l'acte II nous montre l'extérieur de la propriété de Don Ruy Gomez où se trouve cette chambre. A l'acte III, on se retrouve dans un autre château du vieil oncle, dans les montagnes. L'acte IV, dont le titre est un nom de lieu (« Le tombeau ») nous transporte bien loin de l'Espagne : à Aix-la-Chapelle. Enfin, l'acte V nous ramène à Saragosse mais chez Jean d'Aragon. Pour ce qui est de l'unité de temps, elle n'est pas davantage respectée puisque dès la fin de l'acte I, on apprend que le rendez-vous d'Hernani et Doña Sol qui se déroule à l'acte II aura lieu le lendemain à minuit. Des ellipses de plusieurs semaines séparent les actes suivants jusqu'au mariage du héros. Quant à l'unité d'action, celle que Victor Hugo trouve la seule utile d'après sa préface de *Cromwell*, elle est tout de même un peu malmenée puisqu'une intrigue politico-familiale (venger le père mort sur l'échafaud) vient compliquer l'intrigue amoureuse résumée par Don Ricardo aux vers 1811 à 1814 : « Trois galants, un bandit que l'échafaud réclame,

Puis un duc, puis un roi, d'un même coeur de femme

Font le siège à la fois. - l'assaut donné, qui l'a ?

C'est le bandit. »

Hugo ne respecte pas non plus la règle de bienséance selon laquelle on doit éviter de choquer le spectateur. Ainsi, il n'hésite pas à montrer les armes comme on le fait dans les mélodrames. Une didascalie de l'acte I précise : « *Ils croisent leurs épées* », une autre, à l'acte II, indique : « *Elle lui arrache le poignard de sa ceinture. Il la lâche et recule.* » et à l'acte III, scène 6, le spectateur assiste à une pantomime de Don Ruy Gomez qui prépare un duel avec son hôte. Alors que le théâtre classique se contentait de raconter la violence, le drame romantique la montre sur scène. Les dialogues transgressent également la règle de bienséance par l'emploi de mots évoquant des réalités sanglantes : « bandit » (mot familier au XIXème siècle), « échafaud », « bourreau » reviennent souvent.

Le vocabulaire d'Hugo a en effet semblé trop audacieux au public néoclassique. Certains termes avaient pourtant été retirés sur le conseil des acteurs comme Mademoiselle Mars. Ainsi, Hugo avait remplacé le lion de « Vous êtes mon lion, superbe et généreux » par un « monseigneur » qui ne prêtait plus à rire ; mais d'autres métaphores animalières furent moquées et parodiées : on fit référence au cirque de M. Martin, alors célèbre. On se moqua du jeu de mots « De ta suite ! - j'en suis » qu'Hugo décida d'adoucir. Le dramaturge changea aussi « concubine » en « favorite », ce qui n'empêcha pas les huées. D'après Hugo, les vers qui certains soirs ne soulevaient aucune protestation pouvaient en provoquer le lendemain, si bien qu'au bout des quarante-cinq représentations, la quasi totalité de la pièce avait été sifflée à un moment ou à un autre.

Le reproche essentiel qui est adressé au dramaturge, c'est d'utiliser un vocabulaire prosaïque. On attend d'une tragédie classique que ses personnages ne parlent que de sentiments et de valeurs ; or le drame aborde parfois l'insignifiante matérialité de la vie quotidienne. Il en va ainsi de ces vers de Doña Sol : « Vous devez avoir froid », « Ôtez donc ce manteau ! » ou encore « Allons ! Donnez la cape et l'épée avec elle ! » qui furent l'objet de railleries parce qu'ils se concentrent sur la bassesse corporelle. Théophile Gautier raconte dans son *Histoire du romantisme* (en 1874, bien des années après la bataille), que le vers « Est-il minuit ? » a soulevé des tempêtes dans la salle parce qu'il ne paraissait pas poétique et qu'il aurait sans doute suffi d'une périphrase comme « L'heure / a-t-elle atteint bientôt sa douzième heure ? » pour satisfaire les néoclassiques. Si l'on ajoute à cela que les nombreux vers brisés, enjambements, rejets, contre rejets, discordances entre syntaxe et césure et trimètres qui ont donné le sentiment à une partie du public que la pièce n'était pas entièrement en alexandrins, on comprend que la pièce ait semblé prosaïque.

Cependant, ce ne sont pas les seuls reproches qui sont adressés à Hugo. Les néoclassiques n'admettent pas non plus qu'une pièce puisse ainsi mêler divers genres. Les armes dégainées sur scène, on l'a dit, relèvent du mélodrame tandis que l'importance accordée au décor rappelle le drame bourgeois. L'acte I, quant à lui, relève du vaudeville avec Don Carlos qui se cache dans l'armoire et Doña Sol qui crie « Ciel ! On frappe à la porte ! » comme les bourgeoises des vaudevilles crient « Ciel ! Mon mari ! ». L'acte IV fait penser à une fin classique de comédie puisque le mariage impossible peut enfin avoir lieu comme chez Molière. Mais la pièce tient aussi beaucoup de la tragédie, avec ses monologues lyriques, son évocation du Destin (« mystères funèbres ») et son cinquième acte (la catastrophe) qui se conclue par la mort de trois protagonistes. Les personnages sont tour à tour comiques ou tragiques : on rit du barbon Don Ruy Gomez qui se compare à un hochet à l'acte I, mais on s'émeut lorsqu'il évoque sa vieillesse avec lucidité à l'acte III ; on rit avec Don Carlos lorsqu'il fait de l'humour en sortant de l'armoire (« Je ne chevauchais pas à travers la forêt. ») mais on admire sa tirade métaphysique dans le tombeau de Charlemagne ; on sourit d'Hernani qui veut entraîner sa compagne vers la chambre lors de la nuit de noces mais on frémit pour lui lorsque le Domino vient réclamer sa mort.

Les néoclassiques ont par ailleurs été scandalisés qu'il y ait une inversion des valeurs habituelles dans *Hernani* : en utilisant d'une part le burlesque et d'autre part l'héroïcomique, Hugo nous montre un roi vaudevillesque (voir l'acte I), qui n'est pas digne d'être roi, et un bandit dont la noblesse de langage et d'attitude étonne. Dans la tragédie classique, les princes sont nobles à la fois de naissance (de condition sociale) et dans leurs valeurs. Ici, Don Carlos, durant trois actes, n'est qu'un jeune libertin prêt à tout pour obtenir celle qu'il désire. Il propose même à Hernani : « Partageons . Voulez-vous ? J'ai vu dans sa belle âme / Tant d'amour, tant de bonté, de tendres sentiments, / Que madame, à coup sûr, en a pour deux amants » ! A l'inverse, le bandit Hernani fait preuve de dignité, par exemple lorsqu'il épargne la vie de son ennemi à la fin de l'acte II.

En conclusion, le non respect de la règle des trois unités et de la règle de bienséance ont certes choqué les néoclassiques, mais ce sont davantage les audaces dans les métaphores et le vocabulaire qui ont généré la « bataille d'Hernani », en particulier lorsque les vers semblaient prosaïques. On a aussi beaucoup reproché à Hugo de mêler comédie et tragédie dans une pièce où le roi n'a pas le sérieux qu'on attend de lui avant l'acte IV. Avec ce drame, le dramaturge montre pleinement que, comme il l'annonçait déjà dans sa préface des *Orientales* puis dans celle de *Cromwell*, la valeur la plus précieuse pour l'artiste est la Liberté.

Remarque de vocabulaire : dans sa préface de *Cromwell*, Hugo parle de mélanger le grotesque et le sublime. On pourrait donc être tenté d'utiliser ces deux termes pour analyser *Hernani*. Mais dans les exemples que Victor Hugo donne, le grotesque est associé à l'idée de laideur (il parle de cyclopes, de silènes). Ce n'est que dans ses œuvres ultérieures qu'on trouvera du grotesque avec des personnages comme Quasimodo et Gwynplaine. Dans *Hernani*, il n'y a pas de grotesque, il y a du burlesque. Dans la comédie, on applique un style léger (par exemple avec des jeux de mots, de la prose) à des bourgeois ; dans la tragédie, on applique un style noble (vers en alexandrins classiques, vocabulaire paroxystique) à des nobles ; le burlesque, lui, traite un personnage noble (ou une situation sérieuse) dans un style trivial. Le burlesque applique donc le style de la comédie aux personnages de la tragédie. C'est bien ce qu'on a dans *Hernani*, avec le roi Don Carlos qui plaisante en comparant Doña Josepha à une sorcière : «Serait-ce l'écurie où tu mets d'aventure / Le manche du balai qui te sert de monture ?» et qui, pour se cacher, rentre dans une armoire.

Ce tableau vous permettra de retrouver rapidement, dans la pièce, les passages que vous désirez citer.

A,s.	Décor, etc.	Résumé
I,1	Chambre à coucher, la nuit, palais de DRG à Saragosse	DC d'abord pris pour H par la duègne, se cache dans l'armoire.
I,2		DS est prête à suivre H («Je vous suivrai») dont le père du roi a fait décapiter le père. DC sort de l'armoire. Rivalité amoureuse, engagement d'un duel.
I,3	DRG est en noir (contraste avec le blanc de ses cheveux et de sa barbe).	Intervention de DRG en plein duel. Déshonoré, il exige un duel. DC montre qu'il est le roi et justifie sa présence. Il entend H fixer un rdv à DS.
I,4		Hernani, resté seul, jure de ne

		jamais renoncer à sa vengeance.
II,1	Le lendemain, minuit, cour de DRG, fenêtre à balcon.	DC et trois seigneurs ; projet d'enlèvement.
II,2		Quiproquo : DS, croit rejoindre H. Elle tient tête au roi, lui prend son poignard.
II,3		H. intervient et dit au roi pourquoi il le hait. Le roi refuse le duel. Hésitant, H. Le laisse finalement partir, par honneur.
II,4		DS veut fuir avec H, il refuse. Tocsin, fuite d'H.
III,1	Quelques semaines plus tard, galerie de portraits, château de DRG ds montagnes d'Aragon	DS doit épouser DRG dans une heure, il lui dit son amour. Elle répond par des paroles ambigües et funèbres. Un page annonce la mort d'H et la venue d'un pèlerin.
III,2		Le pèlerin est H déguisé à qui DRG offre l'hospitalité.

III,3	DS en robe de mariée	H croit que DS l'a trahi. Il révèle son identité mais DRG refuse de le livrer, à cause de l'hospitalité, sacrée.
III,4		H ironise sur la supposée trahison de DS mais elle sort un poignard de l'écrin à bijoux (suicide envisagé). H s'excuse. H et DS s'étreignent et sont surpris par DRG, indigné.
III,5		H offre sa vie pour se faire pardonner d'avoir trahi la confiance de son hôte. DS avoue son amour. On annonce le roi. DRG cache H derrière son propre portrait.
III,6		DC menace. Scène des portraits. DC emmène DS en otage.
III,7		DRG provoque H en duel ; H préfère se laisser tuer. Apprenant que DS a été enlevée, conclue le pacte du cor.
IV,1	Deux mois plus tard (juin 1519), tombeau	DC est là pour piéger des conspirateurs. Il appréhende l'élection

	de Charlemagne à Aix-la-Chapelle	de l'empereur.
IV,2		Conscient de la vanité du pouvoir, DC médite sur la grandeur de Charlemagne.
IV,3		DC se cache dans le tombeau. Un tirage au sort parmi les conjurés désigne H pour tuer le roi. DRG lui propose un échange (serment contre faveur), H refuse. Trois coups de canon annoncent l'élection de DC comme empereur.
IV,4		Des princes électeurs viennent rendre hommage à DC. DS est là. H. Revendique sa véritable identité noble. DC pardonne à tous et donnee DS à H qui renonce à se venger. DRG sombre.
IV,5		Monologue de DC sur sa clémence.
V,1	Quelques semaines après, Saragosse, palais d'H, terrasse	Fin de fête de noces. Un invité vêtu de noir en intrigue d'autres.

V,2		DS et H sont raccompagnés.
V,3		H veut regagner la chambre, DS préfère contempler la beauté de la nuit. On entend le cor de DRG.
V,4		H comprend que son heure est venue.
V,5		DRG rappelle son serment à H qui l'accepte mais demande un sursis d'une nuit, en vain.
V,6		DS s'oppose à DRG puis l'implore. Elle s'empare du poison, en boit la moitié. H boit le reste. Ils meurent. DRG se poignarde.

On peut s'étonner qu'*Hernani* ait suscité un tel chahut dans la salle puisque tous les éléments pointés comme novateurs dans cette pièce n'étaient en fait pas si nouveaux...

- Le non respect de la règle des trois unités : déjà en 1809, la pièce *Christophe Colomb* de Lemercier ne respecte ni celle de temps ni celle de lieu. La seconde représentation tourne à l'émeute et fait un mort. La police est présente lors des représentations suivantes.

- Le non respect de la règle de bienséance : les mélodrames le pratiquent déjà.

- Le mélange de comique et de tragique : Molière l'a déjà pratiqué dans *Dom Juan* : le héros est tragique et son valet comique. Dans *Le misanthrope* et dans *L'école des femmes*, Molière mêle le comique au pathétique.

- Le trimètre : on en trouve déjà chez Corneille. Par exemple (voir le second vers) :

« Je veux, sans que la mort ose me secourir

Toujours aimer, toujours souffrir, toujours mourir. » (*Suréna*, 1674)

- Les vers brisés : on en trouve chez Molière. Par exemple :

Henriette. Qu'a donc le mariage en soi qui vous oblige,

Ma sœur... ?

Armande. Ah ! mon Dieu ! fi !

Henriette.   Comment ?

Armande.   Ah ! fi ! vous dis-je. (*Les femmes savantes*, 1672)

- Quant au drame romantique, Hugo n'est pas le premier à en faire jouer un : Dumas fait jouer *Henri III et sa cour* le 11 février 1829.

Il y a donc d'autres causes qui ont suscité la bataille et l'ont rendue célèbre.

Le discours romantique après la pièce

En 1830, la pièce est jouée 39 fois. Mais les années suivantes, les Romantiques assurent sa postérité :

Théophile Gautier, dès 1838, lorsque la pièce est reprise, retrace la « bataille » sur un ton hyperbolique. Alors que la première représentation s'est relativement bien passée, Gautier lui applique des événements qui ne se sont produits qu'aux représentations du mois de mars. Il affirme par exemple que les premiers vers (avec le rejet de « Dérobé ») ont été chahutés alors que d'autres témoignages montrent que, le soir de la première, ces vers sont passés sans encombre. Dans *Histoire du Romantisme*, en 1874, Gautier donne de nouveau une dimension épique aux faits par le vocabulaire utilisé : « Dans l'armée romantique... » Il rappelle le rôle de son gilet rouge qui était pour les romantiques comme un étendard.

D'autres romantiques : Victor Pavie et Alexandre Dumas racontent des anecdotes. Dumas exagère les conflits entre Hugo et Melle Mars (qu'il déteste sans doute car elle concurrence les actrices qu'il courtise). Il raconte des disputes entre l'actrice et

Victor Hugo. La plus célèbre étant celle à propos du vers « Vous êtes mon lion superbe et généreux » qu'elle aurait refusé catégoriqement de prononcer alors qu'en réalité, c'est Hugo lui-même qui a décidé de suivre son conseil et de changer « mon lion » en « monseigneur ». C'est sur ces récits de Gautier et Dumas que s'appuie le téléfilm « La bataille d'Hernani » de 2002.

De plus, le fondateur du romantisme, Chateaubriand, écrit à Hugo : « J'ai vu, Monsieur, la première représentation d'*Hernani*. Vous connaissez mon admiration pour vous, ma vanité s'attache à votre lyre, vous savez pourquoi. Je m'en vais, Monsieur, et vous venez. Je me recommande au souvenir de votre muse. Une pieuse gloire doit prier pour les morts. » Il le voit donc comme un successeur.

Hugo lui-même

La préface de *Cromwell* (avant *Hernani*) semble être un manifeste pour le romantisme. Dans *Victor Hugo par un témoin de sa vie* (1863), Adèle Hugo écrit en partie sous la dictée de son mari ; elle raconte qu'un contrat fut signé avec l'éditeur le soir même de la première représentation alors que ce contrat ne fut signé que quelques jours plus tard. Les discours que Hugo dit avoir tenu en 1830 sont réinventés en 1864, dont celui où il dit à ses troupes avant la bataille, en leur donnant le billet Hierro écrit en rouge, « Nous allons combattre cette vieille littérature crénelée ». Dans *Les contemplations*, recueil de poèmes commencé en 1830, publié en 1856, il met l'accent sur ce qu'il a apporté à la littérature :

« Je fis souffler un vent révolutionnaire.

Je mis un bonnet rouge au vieux dictionnaire. (...)

On entendit un roi dire : Quelle heure est-il ? »

« J'ai disloqué ce grand niais d'alexandrin »

La censure

Les objectifs de la Censure sont d'une part de retirer des oeuvres tout ce qui semble immoral et d'autre part de retirer ce qui semble attaquer le roi ou la royauté. Les censeurs font interdire la pièce de Victor Hugo intitulée *Marion de Lorme* parce que Louis XIII (ancêtre de Charles X) donne une image peu flatteuse de la royauté (le roi y apparaît moins puissant que son ministre Richelieu). D'ordinaire, les auteurs acceptent de négocier en retranchant certains passages pour faire publier leurs oeuvres. Mais Hugo refuse de céder aux censeurs car il ne désirait nullement viser Charles X. Il refuse ce qu'on lui offre en échange de l'abandon de sa pièce, le triplement de sa pension et un poste au Conseil d'Etat, et il le fait savoir. Il se met dans une situation où il ne peut rebondir qu'en tant qu'opposant. Bien que royaliste, il a toujours défendu avant tout la liberté de création.

Hugo écrit *Hernani* en un mois environ. La censure lui demande des modifications, notamment de retrancher le nom « Jésus » fréquemment utilisé et certains vers défavorables au roi, comme « Vous êtes un lâche, un insensé ». Comme d'ordinaire, Hugo argumente pour garder certains vers et accepte d'en modifier d'autres. « Crois-tu donc que les rois, à moi, me sont sacrés ? » deviendra ainsi « Crois-tu donc que pour nous il soit des noms sacrés ? » Finalement, le censeur Brifaut, ne voulant pas interdire de nouveau une pièce de Victor Hugo qui est déjà le chef de file du romantisme et juit d'un certain soutien populaire, laisse jouer la pièce mais crit dans son rapport cet avertissement à son propos : « Elle m'a semblé être un tissu d'extravagances, auxquelles l'auteur s'efforce vainement de donner un caractère d'élévation et qui ne sont que triviales et souvent grossières. Cette pièce abonde en inconvenances de toute nature. Le roi s'exprime souvent comme un bandit, le bandit traite le roi comme un brigand. La fille d'un grand d'Espagne n'est qu'une dévergondée, sans dignité ni pudeur, etc. Toutefois, malgré tant de vices capitaux, nous sommes d'avis que, non seulement il n'y a aucun inconvénient à autoriser la représentation de cette pièce, mais qu'il est d'une sage politique de n'en pas retrancher un seul mot. Il est bon que le public voie jusqu'à quel point d'égarement peut aller l'esprit humain affranchi de toute règle et de toute bienséance.»

La censure laisse fuiter des extraits de la pièce avant même qu'elle soit jouée, afin qu'on puisse s'en moquer et la condamner.

Les journaux et les parodies

Critiques ou laudateurs, ils ont créé une attente dans le public. Avant la bataille, ils ont raconté le conflit entre Hugo et la Censure. Pendant la bataille, ils ont caricaturé l'un et l'autre camp : les romantiques sont assimilés à des barbares (alors que ce sont de jeunes bourgeois), on insiste sur leurs barbes et leurs longs cheveux, tandis que les néoclassiques sont les « chauves » et les «perruqués ».

Alors qu'*Hernani* est jouée, fleurissent des parodies dès le mois de mars ! On ne parodie pas une oeuvre qui n'ait pas déjà un certain renom et en la parodiant, on contribue à sa célébrité. (Voir cours sur ce sujet).

La présentation scolaire dans les manuels des années 1880 - 1900

Tandis que Théophile Gautier avait forgé une « légende dorée » de la bataille d'*Hernani*, une «légende noire » fut élaborée par les adversaires du romantisme. Une vision étriquée des mouvements littéraires montrant le romantisme supplanté par le réalisme faisait d'*Hernani* la naissance du romantisme et des *Burgrave* sa fin (en 1843). Cette présentation faisait du romantisme une maladie qui avait corrompu la jeunesse (avec ses héros efféminés et désespérés) et le réalisme comme une guérison. On insiste sur le fait que le romantisme vient de l'étranger (Allemagne, Angleterre, Italie).

On a donc prétendu que *Les Burgrave* fut un échec. C'est faux : la première fut un succès contesté (la majorité de la salle applaudit) et il y eut 33 représentations avec de bonnes recettes. Si Hugo cesse d'écrire ensuite, ce n'est pas parce qu'il est découragé par ce prétendu échec mais parce que sa fille Léopoldine est morte. De plus, en réalité, le romantisme a commencé avant *Hernani* et a continué après *Les Burgrave* (voir *Cyrano de Bergerac* d'Edmond Rostand en 1897). Il a cohabité avec le réalisme chez certains auteurs (comme Stendhal).

Puisque Victor Hugo n'a rien inventé dans ce que sa pièce semble avoir de novateur mais qu'une légende s'est forgée autour de la «bataille» d'*Hernani*, on peut dire, comme Florence Naugrette en conférence, que « 1830 est autant un aboutissement qu'un commencement. »

La pièce a connu plusieurs modifications. Il y a donc eu plusieurs manuscrits. Voici les six états du texte que l'on peut recenser :

1) Le manuscrit autographe originel, écrit en un mois environ en 1829.

2) Le manuscrit modifié avant de le soumettre à la censure (il fallait éviter ce qui semblait viser le roi ou inciter à la débauche).

3) Après négociation avec le censeur, Hugo abandonne certains vers et en maintient d'autres dans un nouveau manuscrit. Par exemple, au vers 1371, il remplace « basse-cour » par « cour servile ». Il conserve ainsi une critique de la Cour du roi, mais elle semble moins violente aux censeurs.

4) Lors des répétitions, Hugo reçoit des conseils de ses amis et des acteurs, qu'il suit parfois. Ainsi, au vers 361, le dramaturge, sur le conseil de son ami Deschamp, remplace « bandits » (terme déjà très employé dans le reste de la pièce) par « maudits ». Sur la recommandation de Mademoiselle Mars, il abandonne sa diérèse sur « lion » au vers 1024 pour un simple « monseigneur ». Tous ces changements donnent lieu à un autre manuscrit qu'on nomme « le manuscrit du souffleur », publié quelques jours après la première représentation.

Au fur et à mesure que la pièce est jouée, sensible aux rires que suscitent certains vers, aux articles critiques dans les journaux et aux parodies, Hugo supprime certains vers. Ainsi, il renonce aux vers 1091 à 1094 dont certains journaux dénonçaient la violence.

5) En 1836, à l'occasion d'une nouvelle publication, Hugo rétablit beaucoup de vers qu'il avait enlevés à cause de la censure et rétablit certaines longues tirades qui n'ont pas été jouées sur scène.

6) La dernière publication établie par Paul Meurisse, un ami de Victor Hugo, fait un mélange des divers manuscrits précédents.

Le drame romantique est l'héritier du drame bourgeois et du mélodrame. Il doit au premier la mise en valeur des décors et des gestes, et au deuxième l'importance accordée aux objets. Ainsi, lorsqu'on évoque *Hernani*, la célèbre pièce de Victor Hugo jouée dès 1830 et qui fut l'occasion d'une « bataille » entre romantiques et néo-classiques, on pense à quelques éléments emblématiques comme l'armoire vaudevillesque de l'acte I, la galerie de tableaux de l'acte III ou encore la statue de Charlemagne de l'acte V. Deux objets en particulier retiennent l'attention tout au long du drame par leur valeur symbolique et par leur influence sur le déroulement de l'intrigue : le couteau et le cor. Nous nous demanderons si ces deux objets ne sont que de simples accessoires. Nous parlerons d'abord du poignard qui apparaît dès l'acte I, puis du cor qui prend toute son importance dans les actes III à V.

Le mot « poignard » revient à plusieurs reprises dans les répliques, par exemple aux vers 375 (« Mon bon poignard ») et 383 (« Un poignard à la main ») où il est vu par Hernani comme l'instrument de sa vengeance. Dans le vers 1028, il crée un paradoxe audacieux mais tout à fait au goût des romantiques puisqu'il valorise l'union des amants dans la mort : « Oh ! Qu'un coup de poignard de toi me serait doux ! » déclare Hernani à sa bien aimée, la tête sur son épaule, ce qui déclencha le rire le soir où Hugo annota son exemplaire

Souvent, le terme est placé en antithèse avec un autre :

- v. 495-6 (Doña Sol à Don Carlos en parlant d'Hernani) :

« Si le coeur seul faisait le brigand et le roi

- À lui serait le sceptre et le poignard à toi »

- v. 597-8 (Don Carlos à Hernani) : « Et que nous daignerons, nous, victimes trompées,

Anoblir vos poignards du choc de nos épées ! »

- v. 1727 (Hernani à Don Carlos) : « Vous avez l'échafaud, nous avons le poignard. »

Dans ces trois antithèses, le poignard est vu comme l'arme du bandit, personnage qui s'oppose au pouvoir royal représenté par le sceptre, l'épée et l'échafaud.

Au v. 496, Doña Sol utilise un paradoxe (c'est Hernani qui doit avoir le sceptre au lieu du roi) qui s'explique par le comportement des personnages : Don Carlos, en tentant d'enlever Doña Sol, se comporte comme un bandit tandis qu'Hernani, par ses qualités (voir vers 495), mérite le plus haut rang.

Mais le poignard est aussi un objet qui est montré et utilisé par les personnages. En cela, la pièce rappelle les mélodrames de l'époque qui n'hésitaient pas à exhiber poignards et révolvers sur scène. Mais ce que le public accepte dans un mélodrame (genre destiné aux couches populaires) le choque dans une pièce qui relève davantage de la tragédie et qui devrait donc suivre la règle de bienséance fixée au XVIIème siècle. Epris de liberté d'écriture, Hugo place un poignard dans les mains de ses quatre protagonistes. Mais c'est dans les mains de Doña Sol que l'objet prend une valeur particulière.

D'abord, lorsque Don Carlos tente de l'enlever, la jeune femme dérobe son poignard au roi et menace : « Pour un pas, je vous tue et me tue » avant qu'Hernani n'intervienne pour la sauver. Le poignard sert ici autant à créer un retournement de situation (comme dans les mélodrames, là encore) qu'à montrer le caractère rebelle de Doña Sol. Le registre est tragique puisqu'elle envisage de se tuer après le régicide.

Ensuite, on retrouve le poignard à l'acte III, scène 4 lorsque le mariage avec Don Ruy Gomez De Silva est sur le point d'avoir lieu. Hernani adresse des piques ironiques à Doña Sol et affirme que son coeur est « infâme ». Il sort un à un les bijoux de l'écrin nuptial sans voir le poignard. Le fonctionnement de la scène renforce donc l'intensité dramatique de ce passage en adoptant la même structure que la scène des portraits qui vient plus tard, où Don Ruy Gomez passe d'un portrait à un autre et termine par le tableau qui sert de cachette. Nouveau coup de théâtre mélodramatique : Doña Sol lui montre le poignard caché au fond de l'écrin, avec lequel elle comptait se donner la mort pour échapper à son oncle, comme le suggère le vers 785 adressé à Don Ruy Gomez , « Loin de me précéder, vous pourrez bien me suivre. » Un détail prend toute son importance : ce poignard, c'est celui qu'elle a dérobé à Don Carlos à l'acte II. Or, le roi lui avait, lui aussi, proposé tout ce qu'il possédait et elle l'avait refusé :

« C'est le poignard qu'avec l'aide de ma patronne

Je pris au roi Carlos lorsqu'il m'offrit un trône,

Et que je refusai pour vous qui m'outragez ! » (vers 909 à 911).

L'ironie mordante d'Hernani est donc injuste et il s'en repend d'ailleurs aussitôt. Cette scène montre à quel point Hernani est inconstant dans son attitude (inconstance qu'on retrouvera lorsque Don Ruy Gomez viendra réclamer sa vie au dernier acte), à l'inverse de Doña Sol dont l'amour reste inébranlable malgré les reproches infondés de son amant.

A l'acte IV, Doña Sol sort le poignard qu'elle avait volé au roi (v.

1696) lorsque les conjurés sont piégés par Don Carlos dans le tombeau de Charlemagne ; Hernani en brandit un lui aussi « et l'agite ». Pardonnés, les deux amants n'auront pas à se servir de ces armes et une didascalie indique qu'Hernani « jette son poignard ». Ici comme dans la scène finale, Hernani est celui qui parle beaucoup mais n'agit pas.

Enfin, l'arme réapparaît à l'acte V, scène 6, quand Doña Sol s'oppose à Don Ruy Gomez venu prendre la vie d'Hernani. L'attitude de la jeune femme est exactement l'inverse de celle qu'elle adoptait à l'acte II face au roi. En effet, alors qu'elle avait d'abord supplié le roi (vers 525 : « Seigneur ! oh ! par pitié ! Quoi ! Vous êtes altesse ! ») puis l'avait menacé avec le poignard (vers 541 : « Avancez maintenant ! Faites un pas ! »), cette fois-ci, elle commence par menacer son oncle (vers 2065 : « Voyez-vous ce poignard ? Ah ! vieillard insensé ! ») puis laisse tomber l'arme et le supplie d'épargner son mari (vers 2070 : « Ah ! je tombe à vos pieds ! Ayez pitié de nous ! »). On peut imaginer que cette différence de comportement provient des sentiments différents qu'elle éprouve pour ces deux hommes : elle supplie Don Carlos parce que c'est un homme de pouvoir, mais face à son attitude, elle finit par se rebeller ; elle menace spontanément son oncle car elle aime passionnément Hernani, mais laisse presque aussitôt tomber son arme parce qu'elle ne tient pas réellement à tuer ce vieil homme qui ne l'a jamais maltraitée.

Tout vient du coeur chez Doña Sol et d'ailleurs, c'est de son sein que provient le poignard. Elle pourrait se servir de cette arme pour se donner la mort au dénouement de la pièce, mais elle préfère absorber une partie du poison destiné à son mari. Ce faisant, elle procure à ce dernier la possibilité d'une union des amants dans la mort, thème romantique par excellence.

Finalement, c'est Don Ruy Gomez qui se sert du poignard pour s'ôter la vie. On peut établir un parallèle avec l'acte III : l'arme qui devait causer la mort de la jeune femme lors des noces avec l'oncle cause finalement la mort de l'oncle lors des noces de la jeune femme avec Hernani. Cette présence continue du poignard tout au long de la pièce et son rôle dans la fin tragique donne le sentiment d'une fatalité mystérieuse qui s'y attache, une fatalité telle que l'évoquait Hernani lui-même (au vers 989 : « Agent aveugle et sourd de mystères funèbres ! »).

Le cor, quant à lui, est visible dès la première apparition d'Hernani et contribue à donner au héros éponyme une apparence de bandit des montagnes. On ne voit cependant jamais le héros en action en tant que tel, ni en train de piller, ce qui aurait terni son image. Hernani est le chef d'une bande de brigands et le cor lui sert à les appeler, comme il le dit lui-même aux vers 136 à 138 :

« et demain, trois mille de ses braves,

Si ma voix dans leurs monts fait résonner ce cor,

viendront... »

S'il est devenu hors-la-loi, c'est avec l'espoir de venger un jour son père condamné par le père du roi Don Carlos. Il n'y a donc rien de surprenant à ce qu'à l'acte III, scène 7, après avoir juré sur la tête de son père, il se serve de cet objet symbolique de sa rancoeur contre Don Carlos pour sceller un accord avec Don Ruy Gomez qui lui permettra d'arriver à ses fins :

« Ecoute, prends ce cor. Quoi qu'il puisse advenir,

Quand tu voudras, seigneur, quel que soit le lieu, l'heure,

S'il te passe à l'esprit qu'il est temps que je meure,

Viens, sonne de ce cor » (vers 1288 à 1291)

Cette scène est cruciale puisqu'elle prépare le dénouement de la pièce. C'est pourquoi Victor Hugo marque le spectateur en mobilisant les objets emblématiques d'Hernani et de son allié temporaire : si Hernani offre son cor, De Silva, lui, prend à témoin les portraits de son château. Or, ces portraits présentent plusieurs points communs avec le cor :

– De Silva les a longuement présentés dans la scène précédente où, comme Hernani, il s'est opposé au roi.

– La plupart des tableaux représentent ses ancêtres. Comme Hernani dont la mort du père a fait de lui un banni, chef de bandits, De Silva veille à être le digne héritier d'une lignée dont il est fier.

– L'un des portraits représente De Silva et a servi de cachette (à la façon des mélodrames) à Hernani que le roi traquait. Si le vieillard a protégé le jeune homme, c'est par sens de l'honneur, parce que, comme il le déclare au vers 1119 : « les Silva sont loyaux ». Comme Hernani qui prête serment en donnant le cor à son hôte, De Silva est quelqu'un qui accorde de l'importance aux promesses.

On retrouve le cor à l'acte IV lorsque Don Ruy Gomez offre à Hernani de le reprendre en échange du privilège de tuer Don Carlos. Ces mots : « Tu m'appartiens » rappellent que tant que le barbon détient cet instrument, l'objet n'est pas seulement symbolique, il est moteur de l'intrigue. Et puisqu'à la fin de cet acte, De Silva a toujours le cor à la ceinture mais que c'est Hernani qui obtient Doña Sol pour épouse, la suite est prévisible.

Et en effet, à l'acte V, De Silva vient réclamer la vie d'Hernani. Hugo donne toute sa force à ce passage en utilisant deux procédés.

Le premier consiste à faire sonner le cor, non une seule fois mais deux fois, puis à cesser, ce qui amène Hernani à douter dans la très courte scène 4 (aux vers 2005-6) :

« Hé bien ?... Mais tout se tait. Je n'entends rien venir.

Si je m'étais trompé. » C'est un procédé très mélodramatique (le mélodrame est un genre théâtral où il était habituel de jouer une musique lors de l'entrée en scène d'un personnage) qui génère un léger suspense.

L'autre procédé, très efficace pour générer une forte intensité dramatique, consiste à créer un quiproquo tragique. Lorsqu'elle entend le cor au loin, Doña Sol se réjouit (« Dieu ! Je suis exaucée ! ») car elle vient de souhaiter entendre de la musique en cette soirée nuptiale. Sa joie se manifeste dans un vers qui fait allusion à celui de Vigny, « J'aime le son du Cor, le soir, au fond des bois » (voir le poème «Le cor», publié en 1826 dans Poèmes antiques et modernes) : «Ah ! Que j'aime bien mieux le cor au fond des bois». Hernani, lui, a compris que son ancien allié venait réclamer sa vie. Il s'ensuit un dialogue où l'épouse exprime sa joie tandis que l'époux n'ose lui dire ce qu'elle devrait en réalité comprendre :

« DOÑA SOL. Un ange a compris ma pensée, -

Ton bon ange, sans doute?

HERNANI. amèrement. Oui, mon bon ange! à part. Encor!...

DOÑA SOL, souriant. Don Juan! Je reconnais le son de votre cor!

HERNANI. N'est-ce pas?

DOÑA SOL.   Seriez-vous dans cette sérénade de moitié?

HERNANI. De moitié, tu l'as dit.

DOÑA SOL.   Bal maussade! Ah! Que j'aime bien mieux

le cor au fond des bois!... Et puis, c'est votre cor ; c'est comme votre voix.

Le cor recommence.

HERNANI, à part. Ah! Le tigre est en bas qui hurle et veut sa proie!

DOÑA SOL. Don Juan, cette harmonie emplit le coeur de joie!... »

Le spectateur en sait autant que le héros. Il est donc enclin à éprouver de la pitié pour la jeune mariée qui croit que son époux lui a préparé cette sérénade comme cadeau de noces.

Finalement, Hernani éclate : «Nommez-moi Hernani ! Nommez-moi Hernani !

Avec ce nom fatal je n'en ai pas fini !»

Le retour du cor est en même temps symboliquement le retour du père non vengé et impose donc au héros de rester le brigand qu'il était et de respecter le serment fait à De Silva.

Pour conclure, la façon dont Victor Hugo se sert du poignard (du mot et de l'objet) dans la pièce est très romantique : intensité dramatique, fatalité tragique, union des amants dans la mort sont mis en valeur. Mais c'est aussi l'occasion pour le dramaturge de créer un jeu d'oppositions, d'une part entre le roi et le brigand, d'autre part entre Doña Sol et Hernani et d'exposer ainsi le caractère de chacun. Le cor, quant à lui, est un accessoire symbolique qui place d'emblée le héros dans le rôle de bandit (de « banni ») dont le sens de l'honneur le rapproche de son rival Don Ruy Gomez. Il a un impact direct direct sur l'intrigue puisqu'il amène le dénouement tragique. Conscient de l'intérêt dramatique des objets, Victor Hugo leur accordera une attention particulière dans ses pièces suivantes. Ainsi, dans Ruy Blas, les lettres et l'habit de laquais du héros jouent également un rôle dans l'accomplissement de l'intrigue.

En dehors du poignard et du cor, d'autres accessoires ont beaucoup d'importance dans la pièce.

Les costumes :

Les costumes et divers éléments du décor servent à situer l'époque et le lieu : l'Espagne en 1519, ils font « couleur locale ». Le décor de la pièce montre un intérieur riche. Les costumes sont représentatifs du rang social (roi, bandit, seigneur) et de l'âge pour Don Ruy Gomez (le noir tranche avec le blanc de ses cheveux). Doña Sol est en blanc, ce qui symbolise sa virginité (c'est la future mariée). A l'acte III, la tenue du roi n'est plus celle d'un libertin mais celle d'un guerrier. A l'acte V, les habits montrent qu'Hernani a retrouvé son rang et qu'il est marié à Doña Sol.

Les vêtements (notamment les manteaux et chapeaux) peuvent servir à dissimuler les personnages : voir à l'acte I, Don Carlos qui se fait passer pour Hernani et surprend Doña Josepha ; voir à l'acte II, Hernani qui fait don de son manteau à Don Carlos (v. 623) pour le protéger de ses compagnons d'armes. Voir aussi l'acte III où Hernani se déguise en pèlerin et l'acte V où Don Ruy Gomez porte un domino et un masque.

La Toison d'or est un accessoire qu'on retrouve tout au long de la pièce. Il s'agit d'un collier en or avec l'insigne du bélier ; celui qui le porte appartient à un ordre de chevalerie important et montre ainsi sa loyauté au roi. Au vers 270, Don Ruy Gomez, agacé par le manque de respect des deux hommes qui se sont introduits chez lui durant la nuit, l'arrache de son cou et dit : « Tenez, foulez aux pieds, foulez ma Toison d'or ». Pour lui, c'est un objet symbolique auquel il accorde une grande valeur. A l'inverse, Hernani n'éprouve que du mépris pour ce bijou, comme le montrent les vers 399 à 420 :

« Ce qu'ils veulent de toi, tous ces grands de Castille,

C'est quelque titre creux, quelque hochet qui brille,

C'est quelque mouton d'or qu'on va se pendre au cou ».

A l'acte IV cependant, Hernani, grâcié par l'empereur, reçoit justement la toison d'or (voir vers 1770). C'est l'occasion pour Don Carlos devenu Charles Quint de montrer qu'il renonce à ses prétentions amoureuses et se conduira désormais comme un vrai souverain :

« Mais tu l'as, le plus doux et le plus beau collier,

Celui que je n'ai pas, qui manque au rang suprême,

Les deux bras d'une femme aimée, et qui vous aime !

Ah ! tu vas être heureux ; - moi, je suis empereur. »

En recevant la Toisor d'or et en écoutant ces vers, Hernani tisse un double lien : de loyauté envers le roi et de mariage avec Doña Sol ; il oublie alors qu'il est lié à une troisième personne (Don Ruy Gomez) par un autre objet (le cor).

Don Ricardo, à l'acte V, trouve anormal qu'Hernani ait obtenu la Toison d'or (au vers 1845 : « Avoir la Toison d'or ! - marié ! - pardonné ! ») tandis que Doña Sol s'en réjouit : « Que sur ce velours noir, ce collier d'or fait bien ! » (vers 1934). Mais là encore, on a l'occasion de constater que Doña Sol est indifférente aux richesses puisqu'elle déclare ensuite que, sur le roi, elle n'avait pas remarqué la Toison et dit à son époux : « C'est ton cou qui sied au collier d'or ! / Vous êtes noble et fier, monseigneur ». Don Ruy Gomez et sa nièce ont ceci de commun : ils estiment tous deux que ce bijou se mérite par des actions et non par la naissance.

La lumière :

Les flambeaux créent une ambiance mystérieuse et la sensation que des actes frauduleux vont avoir lieu.

A l'acte II, le jeu sur les lumières met en valeur le rendez-vous interdit de Doña Sol avec Hernani.

Les armes :

Elles montrent la vaillance des protagonistes. Voir l'énumération du vers 276. Les épées jouent un rôle important dans l'opposition entre le roi et le bandit (Hernani fait preuve de noblesse en cassant son épée face à Don Carlos qui refuse de se battre à l'acte II) et dans le pacte entre le bandit et le seigneur (Hernani refuse le duel que lui propose Don Ruy Gomez à l'acte III).

Les portraits :

Ils permettent à Don Ruy Gomez d'insister sur la noblesse de sa lignée et sur son sens de l'honneur (c'est son propre portrait qui sert de cachette à Hernani et amène une opposition au roi pour ne pas enfreindre les lois de l'hospitalité).

L'écrin nuptial :

Il montre, par sa profusion de bijoux, la richesse de Don Ruy Gomez. C'est ce qui fait éclater la colère d'Hernani, qui connaît mal sa bien aimée puisqu'il la croit sensible à cela. Pour Doña Sol, cet écrin et sa tenue de mariée doivent la conduire à la mort et elle a caché un poignard au fond.

La clé :

Don Carlos, à l'acte IV, détient la clé du tombeau et, symbolique-ment, de l'intrigue. Mais il disparaît à l'acte V et le destin tragique d'Hernani s'accomplira malgré tout.

La fiole de poison :

Hernani et Doña Sol ne meurent pas de la même façon que Don Ruy Gomez. Ce dernier se tue avec un poignard. Lla didascalie ne précise pas si c'est avec le poignard qu'il a apporté à Hernani et dont il est question au vers 2015 («Du fer ou du poison. Ce qu'il faut, je l'apporte») ou avec le poignard que Doña Sol avait volé au roi et qu'elle laisse tomber au sol au vers 2070. Le vieillard meurt donc seul tandis que les deux amants sont unis dans la mort (cha-cun a bu la moitié de la fiole).

Hugo a envisagé successivement trois sous-titres pour *Hernani* :

« Tres para una »

« La jeunesse de Charles Quint »

« L'honneur castillan »

Deux de ces sous-titres renvoient à la couleur locale : l'Espagne. L'un avec l'adjectif « castillan », l'autre avec une locution qui rappelle la comedia nueva espagnole et qui signifie « Trois pour une » (c'est à dire trois rivaux pour une femme). « La jeunesse de Charles Quint » renvoie quant à lui à une réalité historique puisqu'en 1519, le roi Charles Ier était effectivement un jeune libertin.

Remarque : on peut vous demander, à l'épreuve du bac, si vous estimez que ces sous-titres sont justifiés.

On peut avancer trois raisons qui ont pu conduire Hugo à choisir l'Espagne comme lieu de son intrigue.

Pour éviter la censure.

Rappelons que la précédente pièce de Victor Hugo, *Marion de Lorme,* n'a pas pu être représentée parce que la censure l'a jugée subversive : on y voyait Louis XIII moins puissant que Richelieu (la clémence du roi est annulée par le cardinal) .Les censeurs ont pensé que derrière Louis XIII, il y avait une allusion au roi en place, Charles X, d'autant que Louis XIII était son ancêtre. Le dramaturge avait donc intérêt à situer l'action de son nouveau drame non seulement à un autre siècle que le sien (comme c'était déjà le cas dans *Marion de Lorme*) mais aussi dans un autre pays que la France.

Pour suivre un modèle littéraire

Il suffit de lire la préface de *Cromwell* pour se rendre compte de l'admiration que Victor Hugo éprouve pour Pierre Corneille, en particulier pour *Le Cid*. Rappelons que cette pièce, au XVIIème siècle, déclencha une querelle à propos du non respect de la règle des trois unités et du mélange des genres.

Hugo apprécie aussi la comedia nueva espagnole, qui propose des pièces « de cape et d'épée ». Hugo a l'occasion d'en voir en France, une dizaine d'années avant de créer *Hernani*. La comedia nueva s'affranchit des règles classiques pour proposer des intrigues tournant autour de rendez-vous secrets, de quiproquos et de duels.

Pour se servir de souvenirs d'enfance

(voir la biographie). Enfant, Hugo a été marqué par son séjour en Espagne, où sa mère l'a emmené rejoindre son père (officier dans l'armée de Joseph Bonaparte). Il passa par le village d'Ernani. Pour sa pièce de 1830, il reprend le nom du village et ajoute le H de «Hugo».

Les remarques du tableau suivant montrent que le sous-titre « Tres para una » envisagé par Hugo avait sa pertinence. D'ailleurs, les titres des trois premiers actes évoquent chacun l'un des trois rivaux.

Les rivaux	Doña Sol
Don Carlos *(Titre acte I : le roi)* Amour libertin (v.527-8) : attrait charnel (v.431-2 : «yeux noirs» + superlatif + anaphore + exclamations) puisqu'il ne connaît DS que de vue (v.281). Jalousie envers H (v.183-5). Prêt à tout pour avoir DS : s'introduire chez elle, la partager, provoquer en duel son amant, l'enlever, la prendre en otage. Lui propose le mariage : v.506-7 Peu importe son consentement : v.521-4. Amour qui semble fort : «Que je meure!» (v.16), «mon sang	Aucun amour. Lui résiste : acte II. Indifférente aux titres : v. 510-516 (« Que d'être impératrice avec un empereur »). Montre qu'elle estime plus H : v.495-6 (« (...) il serait le roi, prince, et vous le voleur »). Lui rappelle son rang : « Trop pour la concubine et trop peu pour l'épouse » (v.502) Courageuse, elle est prête à tuer : « Pour un pas, je vous tue et me tue ! » (v.543) (avec le poignard qu'elle lui a volé en se débattant).

bout» (v.415) mais faut-il prendre ses paroles au sérieux ? (Humour constant qui montre une distance du personnage par rapport à ce qu'il dit). Ne comprend pas le caractère de DS : v.1384-5 («(...) peut-être on voudra d'un César») alors que peu lui importent les titres. Métamorphose dans le tombeau de Ch. Donne DS à H (v.1753) même s'il semble le regretter : v.1772-5 : «(...) Ah ! Tu vas être heureux ; - moi, je suis empereur»	Otage à partir de l'acte III. Toute à sa joie à l'acte IV, n'exprime pas de reconnaissance pour la clémence de l'empereur.
Hernani *Titre acte II : le brigand* Amour passionnel, extrême (v.519-20 « (...) baiser le pavé ») et v.37-8 : « que je vois / Enfin ! » alors qu'ils se voient tous les soirs (v.9) Besoin d'être tout le temps avec DS : v.59-62. Regards ardents (didascalie). Amour qui semble divin : H dit à DS qu'elle est un ange + « blasphémé » (v.929). Chasteté : v.706 premier baiser réclamé par H car ils ont le sentiment qu'H va mou-	Estime (v.495-6) et forte inclination (v.155). Comme H : « J'ai besoin de vous voir et de vous voir encore. » (v.156). Elle lui pardonne ses excès (v.915) Encore plus chaste qu'H : v.706 ne donne qu'un baiser au front ; à la nuit de noces, préfère regarder le paysage qu'aller dans la chambre. Mais reçoit son amant tous les soirs (acte I en forme de vaudeville).

rir. Cependant, à la nuit de noces, H. cherche à entraîner DS vers la chambre. Et v. 2018-26 : demande un sursis d'une nuit à DRG.

Amour incertain, jaloux : H. s'emporte au moindre signe qui lui laisse penser que DS l'a trahi. v.74-78 : s'affole d'un baiser au front par DRG. III,4 : vifs reproches car il croit que DS va se marier avec DRG.

Risque sa vie pour elle (duel, offre sa vie à DRG à III,5 pour qu'il garde DS en vie). Il renonce à venger son père pour elle (acte IV).

Tiraillements : - Aime DS mais ne veut pas lui faire vivre les dangers de sa vie de bandit : v. 126-46.

- Hésite à respecter son serment à DRG : « Eh bien, non ! Et de toi, démon, je me délivre. / Je n'obéirai pas. » (v.2032-33) pour rester avec DS. Il finit par céder, une fois qu'elle a pris le poison.

Amour passionnel ; prête à tout pour H : répétition de « Je vous suivrai » (par ex. v.125). Et v.2221 : « Tu ne sais pas aimer comme aime une Silva » : prend le poison mais en laisse pour qu'H puisse s'unir à elle dans la mort.

Don Ruy Gomez de Silva

Titre acte III : le vieillard

Amour qui semble ridicule : sté-

Respectueuse (se laisse embrasser sur le front et v.2062-3 « par pitié», « J'ai

réotype du barbon (il a 60 ans) comme dans les comédies, il veut épouser sa jeune nièce.

+ personnage naïf, qui ne comprend pas ce qui se passe : se contente de l'explication de DC (I,3) ; s'excuse auprès de DS de l'avoir crue coupable (III,1) ; laisse H seul avec DS (III,4), ne comprend pas les intentions de DC qui emmène DS en otage (voir réaction « Il l'aime ! », v.1275)

Conscient de sa vieillesse ; mais amour égoïste : v.771-84 (« veille sur lui », « coeur qui se dévoue », « Tu seras pour moi cet ange au coeur de femme / Qui du pauvre vieillard réjouit encore l'âme »). Il sait qu'elle ne l'aime pas mais se contentera de marques d'amour : « Et sans aimer peut-être , a des semblants d'amour ! »

Jalousie qui le pousse à vouloir se battre malgré son âge (avec les deux hommes en I,3, avec H en III,5). Dépité à la fin de l'acte IV que DS ne l'ait pas vu. Refus de laisser DS à H : apporte le poison et refuse le délai demandé par H.

Amour passionnel : une fois DS morte, il se suicide.

fait la fille douce ») mais prête à se suicider si le mariage a lieu : v.785-90 (« Loin de me précéder, vous pourrez bien me suivre »...) avec le poignard qu'elle a volé à DC (v. 910) caché dans son coffret de noces (III,4).

Ne voit pas DRG dans le tombeau (v.1695)

Défend H à l'acte V avec un poignard mais s'effondre aussitôt et supplie : v.2065-70.

Prend des mains d'H le poison qui lui était destiné.

SUJET : LA PIÈCE A-T-ELLE UNE DIMENSION POLITIQUE ?

En 1819, Victor Hugo, alors ultra-royalite, fonde *Le Conservateur littéraire*, journal légitimiste. Louis XVIII appréciera ses poèmes et lui octroira même une pension pour l'un d'entre eux. En 1825, le poète écrit une ode pour le sacre de Charles X. Puis il se met à admirer Napoléon et à évoluer vers le libéralisme. Il montre en 1829 qu'il est un homme engagé, avec la publication du *Dernier jour d'un condamné* (contre la peine de mort). On peut s'attendre à ce que sa vision politique s'exprime aussi dans sa pièce de 1830, *Hernani*, même si, afin d'éviter la censure comme pour *Marion Delorme*, Hugo a pris soin de placer sa pièce dans l'Espagne du XVIème siècle. Nous nous demanderons dans quelle mesure le pièce a une portée politique. Nous verrons qu'elle parle de monarchie et d'empire, des valeurs féodales, et qu'elle n'oublie pas le peuple.

Victor Hugo critique vivement les dérives de la monarchie héréditaire. En effet, le roi Don Carlos profite de son rang pour s'arroger Doña Sol (en la prenant comme otage à l'acte III). C'est un roi qui ne tient pas ses engagements, comme on le voit aux vers 314-18 ou encore aux vers 1365-66 :

« Oui, trois de mes cités de Castille ou de Flandre,

Je les donnerais ! - sauf, plus tard, à les reprendre ! »

Et il réprime durement toute opposition comme le montre Hernani en évoquant « ses bourreaux » (v. 645).

De plus, ses courtisans sont méprisables : le roi lui-même les compare dans un jeu de mots à une « basse cour » (v.1371), se plaignant de leur hypocrisie :

« Comme à travers la nôtre ils suivent notre pensée » (v. 1370). Don Ricardo est le personnage qui illustre le mieux cette bassesse. Il s'incline facilement (deux fois à l'acte II, scène 1) et parle peu mais de façon à plaire au roi. Ainsi, aux vers 439-40, il reprend la métaphore de la colombe que Don Carlos vient d'utiliser. Cette hypocrisie est d'ailleurs pointée par les autres courtisans : lorsque Don Ricardo dit qu'à la fête, un masque lui fait une autre tête, Don Sancho ironise tout bas : « Que n'est-ce alors tous les jours fête ! » Don Ricardo saisit la moindre occasion de gagner en titre de noblesse. Dès l'acte II, le roi lui concède, après l'avoir appelé « Comte » par mégarde : « J'ai laissé tomber ce titre. Ramassez ». A l'acte IV, (v. 1363), le courtisan profite de ce que le roi l'appelle « mon ami » et le tutoie pour obtenir le rang de « grand ». Cette attitude provoque le dégoût de Don Carlos qui l'exprime par des exclamatives : « Ambitieux de rien ! Engeance intéressée ! » mais Don Ricardo répond aussitôt par une nouvelle flatterie en le nommant « Altesse » alors qu'il ne l'est pas encore. Le vil courtisan évoque lui-même son ascension dans une gradation au v. 1818 : « D'abord comte, puis grand, puis alcade de cour » et s'en montre fier alors qu'il ne la doit qu'à son opportunisme (il est là au bon moment), comme le fait remarquer Don Graci (v. 1822) : « Vous avez profité de ses distractions ». Don Ricardo ne cherche ni l'interêt du pays ni même celui du roi mais le sien et celui de ses amis pour lesquels il intercède aux vers 1424 à 1426 :

«Seigneur, vous songerez

Au comte de Limbourg, gardien capitulaire,

Qui me l'a confiée et fait tout pour vous plaire.»

S'il critique la dérive de la monarchie, Victor Hugo valorise en revanche l'empire. Dès la préface d'*Hernani*, on sent déjà l'admiration qu'il éprouve pour Napoléon puisqu'il reprend une phrase célèbre que celui-ci avait prononcé au moment d'accéder au pouvoir : « Ni bonnet rouge, ni talon rouge »). Hugo envisage même un temps de sous-titrer sa pièce « La jeunesse de Charles Quint », mettant ainsi en valeur le thème politique de l'accession du roi au titre d'empereur. Le long monologue de l'acte IV, scène 2 prône un pouvoir où l'empereur, élu par des princes, épaulé par le clergé (« Le pape et l'empereur sont tout », dit le vers 1457) doit se montrer à la hauteur de sa tâche. Inspiré par l'exemple de Charlemagne, Don Carlos fait l'éloge du christianisme et, dans une sorte de nekuia, demande au mort illustre de l'aider à avoir le charisme d'un empereur (v. 1559-60) :

« Verse-moi dans le coeur, du fond de ce tombeau,

Quelque chose de grand, de sublime et de beau ».

Vigny, autre auteur romantique, évoquait en 1826, dans son poème « La neige » la clémence de Charlemagne. Eh bien, le premier geste grandiose de Don Carlos devenu l'empereur Charles Quint, sera de tout pardonner à Hernani et de lui accorder la main de Doña Sol. Victor Hugo invite cependant à rester méfiant : l'empereur nomme Don Ricardo chef de la police. Or, on a vu comme ce dernier était méprisable, et c'est un homme qui userait volontiers de violence. Aux vers 1831-2, il déclare :

« Ce Luther, beau sujet de souci et d'alarmes !

Que j'en finirais vite avec quatre gendarmes ! »

Et il regrette que l'empereur n'ait pas fait tuer Hernani. Il dit aux vers 1845-6 :

« Loin de là, s'il m'eût cru, l'empereur eût donné

Lit de pierre au galant, lit de plume à la dame. »

Mais la pièce va au-delà de la critique ou de la valorisation d'un régime politique. Elle porte aussi sur les valeurs respectées par la noblesse. Cela se voit particulièrement dans l'affrontement entre Dom Ruy Gomez qui respecte les valeurs féodales comme, par exemple, le respect de la parole donnée et le devoir d'hospitalité, et Hernani, plus moderne. Don Ruy Gomez respecte le roi (son collier de la toison d'or mis en valeur dans l'acte I en est un signe) mais il respecte plus encore ces valeurs puisqu'il n'hésitera pas à s'opposer à Don Carlos quand ce dernier lui réclamera Hernani, auquel le vieux duc a accordé l'hospitalité. Il préfère laisser le roi emmener Doña Sol en otage, alors qu'il était sur le point de l'épouser, plutôt que de trahir Hernani. Notons tout de même que s'il va à l'encontre de la volonté du roi dans l'acte V, ce n'est plus au noms de valeurs féodales mais par désir de se venger : à l'inverse de l'empereur, Don Ruy Gomez ne pardonne pas.

Hernani, lui, est un héros jeune, opposé à la fois au roi et à Don Ruy Gomez, en tout cas au début de la pièce. Ce qu'il fait passer avant tout, c'est son amour. C'est d'ailleurs par amour qu'il refuse que Doña Sol l'accompagne dans sa vie de bandit montagnard. Mais il est fier de sa noblesse : « Je suis Jean d'Aragon », ... « si vos échafauds sont petits, changez-les. » Sa quête individuelle (venger son père) et son pacte avec Da Silva le rapprochent des valeurs féodales. Hernani hésite à la fin de la pièce entre deux systèmes de valeur : doit-il honorer le serment du cor ou rester en vie pour Doña Sol à qui il vient de prêter un autre serment, celui du mariage ? Lorsqu'il finit par se suicider, on ignore s'il absorbe le poison pour rejoindre Doña Sol ou pour honorer son serment.

Enfin, la pièce prend une dimension politique lorsqu'elle évoque le peuple. Hernani semble de prime abord être le représentant du peuple opprimé puisqu'il s'oppose à Don Carlos avec panache :

« Crois-tu donc que les rois à moi me sont sacrés ? » Mais, bien qu'à la tête des montagnards, Hernani reste un noble (exclu du pouvoir car son père a été banni) dont on ne connaît pas les activités : on ne le voit pas voler les riches pour donner aux pauvres, par exemple. Lorsqu'il dit : «« Je suis Jean d'Aragon, roi, bourreaux et valets ! / Et si vos échafauds sont petits, changez-les ! », il n'est pas un représentant du peuple mais un noble fier de son rang. D'ailleurs, lorsqu'il récupère son titre de noblesse, on ne voit à ses noces que des courtisans du roi.

Don Carlos suit le mouvement inverse d'Hernani : dans les premiers actes, entièrement occupé à courtiser Doña Sol, jamais présent dans son palais à gérer les affaires du royaume, il ne s'occupe pas du peuple ; mais une fois élu empereur (par des princes), il devient porteur d'espoir : « Redonnant une forme, une âme au genre humain » (v. 1484); il y a alors une prise en compte du peuple comparé à un « essaim » (v.1523), à un « océan » dans une métaphore filée (« onde », « vague », « flot »), à un « miroir » (v. 1536), à une « pyramide » (v. 1545) et à un tremblement de terre (« En sentant sous mes pieds le monde tressaillir »). Ces diverses images montrent la puissance du peuple dont la multitude est à redouter lorsqu'il se révolte. Remarquons que, dans la préface du drame, il est visible qu'Hugo aime le peuple (un peuple qui doit être guidé par le poète, d'après son poème *Les rayons et les ombres*).

En conclusion, Victor Hugo dénonce dans ce drame l'autoritarisme de certains rois et l'hypocrisie de leurs courtisans. A l'inverse, il valorise l'empire, qui suppose d'avoir à sa tête un homme charismatique, sachant gouverner en harmonie avec la papauté et faire preuve de clémence dans son exercice du pouvoir. Hugo pose au passage la question des valeurs féodales, incarnées tantôt par Don Ruy Gomez tantôt par Hernani. Enfin, il montre l'importance du peuple, davantage dans la nekuia de Don Carlos que dans la rebellion d'Hernani. La passion d'Hugo pour le peuple l'a d'ailleurs guidé dans son écriture d'*Hernani*, n'hésitant pas à s'inspirer de genres populaires comme le vaudeville et le mélodrame. Hugo désire adresser ses drames à tout le monde. Mais cela se voit peu dans *Hernani* qui relève malgré tout majoritairement de la tragédie. Son amour du peuple se verra davantage dans ses oeuvres ultérieures (*Notre Dame de Paris, Les Misérables, Ruy Blas*).

Pour ce sujet, je vous indique uniquement le plan et les idées. En-traînez-vous à rédiger le devoir de façon à ce que le plan ne soit plus apparent.

I. L'honneur selon Don Ruy Gomez :

1) L'honneur féodal. Illustré dans l'acte I, scène 3 lorsqu'il sur-prend les courtisans de DS, puis dans l'acte III, scène 6, dans la ga-lerie des portraits. Valeurs dont il est fier :

- respecter la vieillesse (v. 227 : « Ces hommes-là portaient res-pect aux barbes grises »)

- respecter la chasteté des femmes (v.228 : « Faisaient agenouiller leur amour aux églises »)

- exercer le pouvoir (v.1130 « qui fut trois fois consul de Rome »

- assumer ses responsabilités (v. 1136 : « s'exila pour avoir mal conseillé le roi »)

- avoir le sens du sacrifice (v. 1140 : « Christoval prit la plume et Doña son cheval »)

- être courageux au combat (v. 1146 : « Il prit trois-cent dra-peaux »)

- respecter ses promesses (v. 1150 : « Sa main pour un serment va-lait les mains royales »)

- rester loyal (v.1161 : « Il vécut soixante ans, gadant la foi jurée »), en particulier au roi (voir aussi le collier de la toison d'or).

- respecter le devoir d'hospitalité (v.1178 : « vendit la tête de son hôte ! » dit avec indignation).

Sentiment que le monde a changé et ne respecte plus ces valeurs : voir vers 237 à 242.

2) Problème : ces valeurs peuvent s'opposer les unes aux autres. DRG doit renoncer à sa loyauté au roi pour respecter les règles de l'hospitalité et la promesse qu'il a faite à H de le protéger. Attitude qui n'est pas dictée par le sens de l'honneur à la fin : exige la vie d'H pour le priver de DS (mais avec l'intention de mourir lui aussi).

II. H. et DS

1) H. partage ces valeurs féodales : prêt à se battre, prêt à mourir (promesse du cor), cherche à venger son père, fierté d'être un noble. Et laisse partir DC à l'acte II. Mais ne les suit pas toujours, emporté par l'amour : dissimule son identité en se faisant passer pour un pèlerin, renonce à venger son père et accepte la toison d'or qu'il a dénigrée au vers 401, hésite à tenir sa promesse faite à DRG quand ce dernier vient réclamer sa vie. Et quand enfin il se donne la mort, on ignore si c'est pour honorer son serment, être digne de son père (v. 2110 : « Et je vais à ton père en parler chez les morts ») ou par amour pour DS qui a bu le poison.

2)   DS, elle, est une femme d'honneur : elle a gardé sa pureté. (Néanmoins, elle reçoit H. tous les soirs dans sa chambre...). Elle se défend avec un poignard face au roi et face à DRG. Elle boit le

poison la première.

III. Le roi

1) D'abord une attitude peu digne de son rang : libertin. Il s'introduit en douce, propose de partager DS (v. 188 à 190). Mais est capable de faire preuve de sens de l'honneur : il laisse partir H. à l'acte I, scène 3 : v. 378-9 : « Mais le roi Don Carlos répugne aux trahisons.

Allez, je daigne encor protéger votre fuite. »

Et il refuse de se battre en duel avec un vulgaire bandit alors qu'il est roi (acte II).

2) Mais c'est à l'acte IV qu'il devient un autre homme, désirant être digne de Charlemagne. S'ensuit sa clémence pour H. Il devient alors un grand homme, meilleur que DRG qui, lui, va vouloir se venger. DRG et DC ont un parcours inverse en ce qui concerne le sens de l'honneur.

A travers des exemples pris dans trois parodies, on perçoit nettement quels sont les reproches qui ont été faits à Hernani.

HARNALI ou la contrainte par cor	OH!QU'NENNI ou le mirliton fatal	N.I.NI ou le danger des Castilles
L'invraisemblance psychologique : HARNALI, *gaiement, et d'un air surpris*. Tiens! c'est particulier, ma haine qui s'en va. QUASIFOL. Quoi! ton affreux courroux, ta colère funeste?… HARNALI. Je viens de les quitter, comme on quitte une veste	OH!QU'NENNI (…) tu vois à tes pieds un bandit, un monstre, un scélérat, un voleur, un brigand et autres ; mais ça ne m'empêche pas d'être tendre, sensible, délicat et vertueux.	DON PATHOS. De tout ce que j'ai dit je ferai le contraire, Pour mieux prouver que j'ai le plus grand caractère
L'invraisemblance de situation : QUASIFOL. O mon doux maître ! Quel sera ton signal pour te faire connaître ? HARNALI. Ecoute, mon enfant, tu connais bien ma voix ? QUASIFOL. Oui, certes ! HARNALI. Dans ma main je frapperai trois fois.	OH!QU'NENNI Eh ! bien, vieillard respectable, livre-moi à eux. DEGOMME Ecoute ! Ohqu'nenni, il est écrit que je serai bête jusqu'à la fin. Depuis hier au soir, tu m'as fait des farces indignes ! Mais je ne te livrerai pas	DEGOMME (*à N,i,ni*) Restez. (*à Parasol*) Tiens compagnie à ce jeune étranger, Et qu'on ne vienne pas, surtout, les déranger.
Remise en cause de la vertu de Doña Sol : HARNALI. (…) Allons ! allons sauver la belle que j'adore !		N.I.NI Quittons-nous… Un baiser… peut-être le dernier ! (*Il l'embrasse*). PARASOL Heureusement pour moi ce n'est pas le

COMILVA. Conservons sa vertu. HARNALI. S'il en est temps encore.		premier.
La mauvaise répartition de la parole : COMILVA. Eh bien ! mon bon ami, que dit-on de nouveau ? CHARLOT. Je vous le dirais bien, mais il est malhonnête, De deviser ainsi, tous les deux, tête à tête, Quand votre nièce est là, sans rien dire. COMILVA. Allons donc ! Dans la chambre elle peut marcher en large, en long ; Que m'importe après tout !... je n'ai rien à lui dire ; Nous causons tous les deux, et cela doit suffire.		N.I.NI (...) Oh ! laisse-moi dormir et parle-moi toujours... PARASOL J'aurais donc la parole...
La longueur de la pièce : RICARD, Pardonnez-lui, bon dieu ! dans ce long monologue, Des sottises qu'il dit, l'étonnant catalogue ; Car, hélas ! en dînant, il a bu plus d'un coup ; Parfois, dans cet état, on bavarde beaucoup.	DEGOMME Toutes ces croûtes, ce sont les Dégommé ; de père en fils, depuis 1515 jusqu'en 1830. Pierre, donne-moi la badine à battre les habits, que je fasse l'explication des figures. Messieurs et Mesdames, le premier portrait que vous voyez dans le fond est le mien. Voyez si l'on ne dirait pas qu'il va parler avec son bonnet de coton. Le second est celui de mon vénérable père : Pierre-Jean-François Claude Dégommé... Le troisième... BLAGUINOS Assez !...	DEGOMME Alors tournez les yeux, regardez, je vous prie, Je vais vous expliquer ma généalogie N.I.NI Il faut que je te dise encore une tirade... Me voici, me voilà... Serre-moi dans tes bras, Je parle et parlerai plus que tu ne voudras.

	ça n'est pas amusant du tout : ce n'est pas pour ça que je suis venu.	
Le prosaïsme : QUASIFOL (...) Mon oncle, dès demain, me mène à la mairie, Il m'épouse. HARNALI. Qui ? Lui ?... Je me disais aussi Qu'un malheur imprévu devait m'attendre ici ; Regardez-moi, mon nez est écorché, peut-être ? QUASIFOL. Mais, non. HARNALI J'ai déboulé du haut de la fenêtre, Et je serais encor dans la rue épaté, Sans un verre de vin, qui m'a ravigoté.	BLAGUINOS M'en aller ? (...) quand je suis sous le même toit que celle que j'adore, que j'aime, que j'idôlatre !... JOSEPHINE Depuis quand donc que vous l'adorez ? BLAGUINOS Depuis ce matin à neuf heures trois quarts.	PARASOL Mon rat ! N.I.NI Mon chat ! PARASOL Mon chou ! mon loulou ! N.I.NI Ma poupoule ! Les beaux yeux que tes yeux ! PARASOL (*lui prenant la tête*) Et toi la bonne boule ! Mais quand je t'attendais, pourquoi venir si tard ? Ta montre, cher ami, serait-elle en retard ? N.I.NI Non, car elle est en plan ! PARASOL En plan ! Quel beau langage ! (*Avec l'air du plus profond mépris*) Un classique aurait dit : j'ai mis ma montre en gage.
L'acte V a semblé en trop COMILVA. J'ai toujours la trompette ! Eh bien, je te la rends, c'est une affaire faite, Si tu veux me céder ton rôle pour le mien. HARNALI Je refuse. COMILVA. Et pourquoi ?	OH!QU'NENNI Alors, la farce est finie ? BLAGUINOS Elle le serait si on voulait. DEGOMME Mais je suis dans mon coin comme le Père Sournois et je m'y oppose. BLAGUINOS Alors prévenez donc ! Par une erreur funeste,	L'Administration a l'honneur de prier le Public de vouloir bien rester à sa place. On pourrait croire que la pièce est finie; mais avec un petit moment de préparation, nous allons vous donner le second et le seul dénouement de l'ouvrage.

HARNALI. Pourquoi ? je le sais bien. COMILVA. Mais, stupide animal ! as-tu la cataracte ? Pourquoi me refuser ? HARNALI, *lui parlant à l'oreille.* Il faut un cinquième acte.	Le public s'en irait sans demander son reste.	
Certains vers : Mais tu n'y perdras rien ; nuit et jour je te suis, Et puisque tu l'as dit : De ta suite j'en suis.	BLAGUINOS Ce particulier est un jeune homme de ma suite. OH!QU'NENNI, *à part, avec fureur,* Ah ! Ah ! C'est bon, j'en suis... oui je suis de ta suite ; Je te suivrai de suite et nous verrons ensuite.	N.I.NI Ah ! Je suis ton laquais, ton groom, ton domestique... Eh bien ! Oui, que j'en suis... oui, mauvaise pratique, De ta suite jen suis, et sans cesse et toujours...
Le mélange des genres : HARNALI Quasifol! que fais-tu? quels projets sont les tiens? QUASIFOL Je veux croquer aussi la boulette tragique. HARNALI Mais tu vas te donner une affreuse colique. (...) HARNALI A mon tour, à présent, la boulette!...O poison! Toi qui causes ma mort!...Tiens! mais c'est assez bon A manger. Dis donc, ô ma maîtresse héroïque! Cela commence-t-il? Sens-tu quelque colique?	OH!QU'NENNI (...) Je ne suis plus à moi. BELLE SOLE Non, tu es à moi. OH!QU'NENNI Ma vie, mon corps, appartient au père Dégommé ; je me suis vendu ! BELLE SOLE Quel marché ! Lui qui n'achetait que des dindons, il achète des hommes... Pourquoi faire ? Il n'est pas de la conscription...	PARASOL Je crois qu'il va pleuvoir. N.I.NI Ouvre ton coeur au mien. Ouvre le Parasol, je vais ouvrir le tien... (*Il ouvre le parapluie de Parasol, et le tient sur leurs têtes en causant.*)
Le stéréotype de la lune : QUASIFOL. Voyez, mon cher ami, que la lune est jolie! HARNALI. Oui, la lune est très-bien, je la trouve embellie...	BELLE SOLE Pendant que nous sommes seuls, faisons le serment d'être unis l'un à l'autre. OH!QU'NENNI Non, l'un à l'une, si ça t'est égal, ou	(*L'orchestre joue l'air Au clair de la lune*) PARASOL Parlons, ça nous fera passer quelques instants. Oui, parlons... de la pluie... et même du beau

Jérémy Lasseaux

Mais à l'heure qu'il est, ce n'est pas le moment,
Un jour d'hymen surtout, de causer firmament.

QUASIFOL. Vois, qu'il est beau, ce ciel, quand la lune l'éclaire !

Moi, j'aime, dans la nuit, surtout quand elle est claire,

Le chant des moineaux francs, et des chardonnerets.

HARNALI, *à part.*

Avec ça, que la nuit ils ne chantent jamais.

QUASIFOL, *regardant toujours en l'air.* Les étoiles du ciel, l'ombre silencieuse,

Et le chant des oiseaux, font l'âme harmonieuse ;

Mais ne trouvez-vous pas, que la lune pourtant...

HARNALI, *frappant du pied et s'éloignant brusquement de Quasifol.* Qu'une femme astronome, est un être embêtant !

bien l'une à l'un, ou bien l'autre à l'autre.

BELLE SOLE Dieux !... que de l'un et que de lunes !

temps.

N.I.NI Oui, parlons du soleil.

PARASOL Non, parlons de la lune

C'est plus de circonstance au sein de la nuit brune.

Tiens, regarde là-haut l'étoile de Vénus.

N.I.NI Ce n'est que pour l'amour que nous sommes venus.

PARASOL Comme notre bonheur, cet astre se dévoile.

N.I.NI Je pense à nos rideaux en regardant l'étoile.

PARASOL Regarde au loin blanchir, sous ce disque éclatant...

N.I.NI Je regarde la chambre, où le bonheur m'attend.

PARASOL Regarde donc en l'air.

N.I.NI Nous allons donc, ma mie,

Faire, toute la nuit, un cours d'astronomie ?

Les métaphores animalières

HARNALI. (...) Si ce n'était le soin de mes mains délicates,

Je voudrais devant toi, marcher à quatre pattes,

OH!QU'NENNI (...) mon adorable Sole, quand je te vois, mon coeur saute comme un goujon dans la poële.

N.I.NI Tu seras le daim dont mes pieds suivront la trace.

DEGOMME Ou bien tu vas venir trouver Mon-

Et lécher comme un chien, la trace de tes pas. QUASIFOL. Tout est changé chez moi, tout, depuis ce matin... (*Elle se jette dans les bras d'Harnali.*) Oui! je suis la lionne, et je n'ai qu'un Martin	BLAGUINOS (...) Je pourais même lui glisser un mot de la ménagerie de Monsieur Martin.	sieur Martin... Dans sa ménagerie ; il t'attend ce matin ; Il doit laisser à jeun son aimable lionne, Elle a, pour son dîner, compté sur ta personne.
Le non respect de la règle des 3 unités : LE DOMESTIQUE, *entrant.* Les régisseurs, exerçant à Paris, Viennent complimenter leur nouveau camarade, Et fraternellement vous donner l'accolade. CHARLOT. Du tout, je ne veux pas. Ce serait du nouveau, Qu'une telle algarade au fond de ce caveau. Vit-on jamais choisir une cave malsaine Pour faire de la pompe et de la mise en scène ?	BLAGUINOS Oui, nous aurions pu aller dans la rue, d'autant que Belle Sole m'a mis à la porte ; mais il aurait fallu changer de décoration, et cela n'aurait avancé à rien. DEGOMME (...) Nous aurions pu aller faire la noce à ma maison de campagne ; mais nous serons aussi bien ici. Tu sais que par constance, je n'aime pas le changement.	DON PATHOS Pour le décorateur, et sans que rien m'appelle, Je viens à Saint-Denis auprès de la Chapelle.
Le manque d'originalité : CHARLOT. N'as-tu pas quelqu'horloge Où, quand vient un rival, prudemment on se loge ? Mme JOSEPH. Ces tours là sont bien vieux. CHARLOT. N'importe ! Employons-les ! (...)	BELLE SOLE, *entrant.* Te voilà, mon ange?... qu'est-ce que tu viens me dire?... OH! QU'NENNI Toujours la même chanson : te dire que je t'aime, que je t'adore.	N.I.NI (...) Mourons comme Juliette et comme Romeo.

Si j'allais me blottir au fond de ce buffet,		
Cela pourrait produire un excellent effet. :		
Mais non ! il vaut bien mieux me cacher dans l'armoire,		
Le moyen est plus neuf, si j'en crois ma mémoire ;		
Jamais on n'y songea... oui, c'est un nouveau tour		

Printed in Great Britain
by Amazon